U0922321

皮书系列

皮书系列

广视角·全方位·多品种

皮书系列

皮书系列

皮书系列

皮书系列

皮书系列为“十二五”国家重点图书出版规划项目

皮书系列

皮书系列

皮书系列

皮书系列

皮书系列

皮书系列

权威 · 前沿 · 原创

皮书系列

皮书系列

皮书系列

皮书系列

皮书系列

中国保险产业安全报告（2011）

ANNUAL REPORT ON CHINA'S INSURANCE INDUSTRIAL SECURITY (2011)

主　编／李孟刚

社会科学文献出版社
SOCIAL SCIENCES ACADEMIC PRESS (CHINA)

图书在版编目（CIP）数据

中国保险产业安全报告. 2011/李孟刚主编. —北京：社会科学文献出版社，2012.9
（产业安全蓝皮书）
ISBN 978-7-5097-3717-0

Ⅰ.①中… Ⅱ.①李… Ⅲ.①保险业-研究报告-中国-2011
Ⅳ.①F842

中国版本图书馆 CIP 数据核字（2012）第 202862 号

产业安全蓝皮书
中国保险产业安全报告（2011）

主　　编 / 李孟刚

出 版 人 / 谢寿光
出 版 者 / 社会科学文献出版社
地　　址 / 北京市西城区北三环中路甲 29 号院 3 号楼华龙大厦
邮政编码 / 100029

责任部门 / 财经与管理图书事业部（010）59367226　　责任编辑 / 林　尧　许秀江
电子信箱 / caijingbu@ssap.cn　　责任校对 / 师旭光
项目统筹 / 恽　薇　　责任印制 / 岳　阳
经　　销 / 社会科学文献出版社市场营销中心（010）59367081　59367089
读者服务 / 读者服务中心（010）59367028

印　　装 / 北京季蜂印刷有限公司
开　　本 / 787mm×1092mm　1/16　　印　　张 / 16
版　　次 / 2012 年 9 月第 1 版　　字　　数 / 171 千字
印　　次 / 2012 年 9 月第 1 次印刷
书　　号 / ISBN 978-7-5097-3717-0
定　　价 / 49.00 元

本书受教育部专项任务“中国产业安全指数研究”（项目编号：B09C1100020）、中国保监会委托课题“中国保险产业安全问题研究”（项目编号：ZDA201001）资助

产业安全蓝皮书学术委员会

史忠良　江西财经大学原校长、教授

王　灏　北京市政府国有资产监督管理委员会副主任

王稼琼　首都经济贸易大学校长、教授

吴念鲁　中国人民银行研究生部博士生导师、教授

吴晓求　中国人民大学金融与证券研究所所长、教授

叶茂林　北京市教育委员会委员

张国祚　中国文化软实力研究中心主任、教授

周道许　中国保险监督管理委员会政策研究室主任

课题实施单位 北京交通大学中国产业安全研究中心（CCISR）

课题组组长 李孟刚

课题组副组长 张国祚 史忠良 昝 欣

成　　员（按照姓氏首字母排序）

曹 玲 冯建秀 冯 琦 郭艳红 李 娟
李娟娟 连 莲 李琳凤 李政全 佟 东
孟 倩 清 宁 田 迎 唐 石 王海波
王庆东 王维维 王 旭 王永兵 徐大玲
肖 丽 杨 超 叶旭亭 赵金洁 曾 鑫
张新民

执　　笔 昝 欣 佟 东 王永兵 徐大玲 王维维
田 迎 曹 玲 孟 倩 冯建秀

总　　撰 李孟刚

审　　稿 昝 欣

主编简介

李孟刚 男，1967 年 4 月出生，山东省博兴县人，中共党员；经济学博士，交通运输工程和理论经济学双博士后；北京交通大学教授、博士生导师、国家社科基金重大招标项目首席专家、新华社特约经济分析师、国家社科基金评审专家、中国博士后科学基金评审专家。

现任北京交通大学中国产业安全研究中心（CCISR）主任、北京市哲学社会科学北京产业安全与发展研究基地（省部级科研平台）负责人、首席专家；兼任中国产业安全论坛秘书长、《管理世界》常务编委、《管理现代化》编委会副主任、《中国国情国力》编委会副主任、《中国流通经济》专家指导委员会委员、《北京交通大学学报》（社科版）编委委员。2009 年 12 月入选教育部新世纪优秀人才支持计划。

博士学位论文《产业安全理论的研究》入选“2009 年全国优秀博士学位论文提名论文”；专著《产业安全理论研究》（经济科学出版社，2006）先后获得 2008 年度第十届北京市哲学社会科学优秀成果奖（省部级）二等奖、2009 年度高等学校科学研究优秀成果奖（人文社会科学）二等奖；主编《产业经济学》并由高等教育出版社作为研究生教材出版，2011 年被评为“北京高等教育精品教材”。

在《光明日报》（理论版）等权威学术报刊发表论文80余篇，多篇被《新华文摘》、人大报刊资料复印中心全文转载；主持或参与撰写的高水平内参报告获得党和国家领导人的专门批示，相关政策建议多次被有关部委采纳。

作为首席专家主持国家发改委“十二五”规划前期重大研究课题——我国“十二五”粮食安全保障体系构建研究；2008年作为首席专家中标国家社科基金重大招标项目——应对重大自然灾害与构建我国粮食安全保障体系对策研究；主持的国家级、省部级科研课题还有：国家社科基金重点课题、中国博士后科学基金特别资助项目、国家商务部部级课题、教育部重大研究专项课题、国家保险监督管理委员会部级课题等。

摘　要

改革开放以来，伴随我国社会主义市场经济体制的确立和逐步完善，我国国民经济的迅猛发展，经济建设的日益繁荣以及国民对风险保障意识的提高，保险行业在社会发展中起着不可替代的作用。

随着开放程度的不断深化，人们对经济安全的关注程度也在不断提高，产业安全作为经济安全的重要组成部分，自然也受到了前所未有的重视。但是保险产业作为中国产业发展的“潜力股”，其安全问题尚未引起我们足够的重视。

第一，保险投资风险引发安全隐患。在我国寿险公司的资金运用中，银行存款是占首位的资产，但由于利率的频繁变动，不仅影响其投资，而且对整个业务经营都产生了极大的影响；在证券投资基金方面，由于我国资本市场发展的不健全阻碍了基金进入更广泛的投资领域，同时基金管理人对投资决策的随意性也从根本上阻碍了投资的多样化，投资基金内部组织结构的松散在很大程度上加大了投资风险。

第二，保险公司偿付能力不足问题。偿付能力不足问题对保险业来说是至关重要的。偿付能力不足是由保险业自身的行业属性所决定的，源于保险双方权利义务在时间上的不对称性。

第三，诚信问题对保险业产生的安全隐患。缺乏诚信的保险公司以追求保费收入为目的刻意隐瞒义务中的重要信用或误导消费者购买保险产品；一些具有投机心理的客户利用社会对弱势群体的舆论倾向，采取欺诈的手段来骗取保险金；个别保险中介机构为追求自身利益欺骗或挪用投保人的保险金、私自收取高手续费、与客户勾结骗取保险公司的赔付、误导消费者签单等。

第四，巨灾保险制度不健全。尽管汶川地震后，保险公司相继推出了重大自然灾害保险，以承担地震、海啸、滑坡、泥石流等在我国发生率较高的自然灾害引起的被保险人死亡或残疾的责任，但是保险赔付在直接经济损失中的占比仍然不高，这一现象使保险业面临尴尬处境。这与保险公司不敢承保巨灾险、巨灾险费率高、保险业的低覆盖率、巨灾保险制度的不健全直接相关。

第五，金融危机冲击保险业安全。我国保险业在日益成熟的市场环境下迅速崛起，成为全球保险市场中的活跃主体。而在激烈的国际市场经济环境中，我国保险业面临的市场环境也更为严峻，复杂多变的国际形势使出口信用保险面临的风险增加；人民币升值压力加大汇率风险，汇率改革考验保险企业的投资能力。在人民币升值压力下，资本市场持续震荡，投资环境日趋复杂，资产配置的难度加大。特别是随着人民币升值，保险公司持有的外币资产面临着缩水危机。

面对保险业发展中存在的诸多问题，本研究以科学发展观为指导，且研究内容属于国内首创，并为开展国家间的学术交流创造了条件，更为我国保险产业平稳有序地发展、理性地参与国际竞争，以及保险监管部门有效地实施监控和管理等诸多方面提供借鉴与帮助。

Abstract

Since China's reform and opening-up, the socialist market economy has established gradually, national economy growing rapidly, as well as the increase of citizens' awareness to the risk guarantee, the insurance industry plays an irreplaceable role in the development of the society.

With the development of the reform, the concern of citizens to the economic security is also continuously improving. As an important part of the organization of economic security, industrial safety has naturally got unprecedented attention. However, the insurance industry, a " potential stock " of Chinese industry development, has not been attracted enough attention.

Firstly, the risk of insurance investment lead to the security risks. The fund operation in Chinese life insurance companies, bank deposits rank first. And the frequent changes in interest rates could not only affect its investment, but also have a great influence on the whole business. For securities investment funds, the imperfectness of China's capital market development has hindered funds into broader fields of investment, and the arbitrariness of the fund managers on investment decisions have also fundamentally hindered the diversification of the investment, the looseness of the investment fund's internal organizational structure increase investment risks.

Secondly, the ability that the solvency in insurance company is inadequate. The scarcity of solvency is important to insurance industry. The existence of solvency scarcity is determined by the own industry property of insurance industry, which is rooted in the asymmetry of insurance rights and obligations in time.

Thirdly, the credit risks for the insurance industry. Insurance companies that lack integrity deliberately conceal important credit obligations or mislead consumers to purchase insurance products for pursing premium income. Meanwhile, some speculation customers take fraudulent means to defraud the insurance money by taking advantage of the tendency of public opinion to vulnerable groups. For pursuing their own interests, individual insurance intermediaries deceive or misappropriate applicants' insurance money, charge a high fee without permission, defraud payments of insurance companies by colluding with customers, or mislead consumers into signing.

Fourthly, catastrophe insurance system is faultiness. Although after Wenchuan earthquake, the insurance companies have launched a major natural disaster insurance to bear the responsibilities of the insured person's death or disability caused by earthquakes, tsunamis, landslides, mudslide and other natural disasters that are in high incidence in our country, the proportion of insurance payments in the direct economic losses is still not high. This phenomenon has made the insurance industry face an embarrassing situation. Of course, this is directly related with insurance companies' fearing to underwrite catastrophe insurance, high rates of catastrophe insurance, low coverage of insurance industry, and imperfectness of catastrophe insurance system.

Fifth, financial crisis has impacted on the safety of insurance industry. Under the increasingly mature market environment, China's insurance industry has rapidly risen, and become an active subject in the global insurance market. In the fierce international market environment, the market environment of insurance industry is more serious. On one hand, the complex and changeable international situation has increased risks of the export credit insurance; on the other hand, the appreciation of RMB increases pressure on the exchange rate risk and exchange rate reform tests insurance companies ability to invest. Moreover, the capital markets remain volatile with the increasingly complex investment environment, asset allocation can be even tough. In particular, accompanied by the appreciation, foreign currency assets held by insurance companies are facing shrinking crisis.

Faced with the problems that exist in the development of insurance industry, the research takes the scientific development concept as the instruction. And it's also the domestic initiate, which creates conditions to develop international academic exchanges and provide reference and help for stable and orderly development of insurance industry, rational participation in international competition, as well as the effective implementation of supervision and management of insurance regulatory authorities.

目录

𝔹 Ⅰ　总报告

𝔹 Ⅱ　理论篇

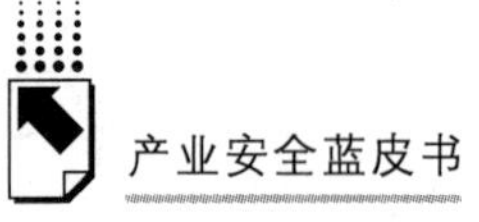

𝔹Ⅲ 实证篇

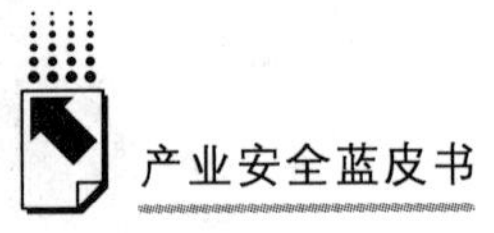

BⅣ 对策篇

CONTENTS

𝔹 I General Report

𝔹 II Report on Theoretical Subjects

B III Report on Empirical Subjects

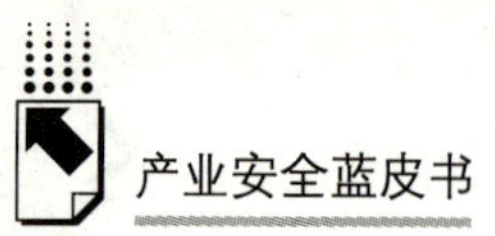

ⅣB Report of Policy Suggestion

总 报 告

General Report

B.1 保险产业安全总报告

第一节 研究背景与意义

一 研究背景

改革开放以后，我国的保险产业得到了持续快速的发展，业务领域从最初的财产损失保险逐步扩展到人寿保险、责任保险、信用保证保险、健康保险等，基本形成了涵盖绝大多数可保风险领域的业务和产品体系，建立了以偿付能力、公司治理结构和市场行为监管为支柱的现代保险监管框架。通过深化保险改革和制度创新，有效化解和及时防范了保险业快速发展中的风险隐患，积极应对来自世界金融危机的冲击，保险业持续健康发展的能力得到显著增强。

经过各国共同的努力，金融危机逐步远去，后金融危机时代来临。通过反思总结新自由主义、金融制度和经济社会秩序等，发达经济体正在重返经济发展轨道。我国应对国际金融危机和社会经济形势所提出的保增长、重民生、扩内需与调结构指导方针和总体要求，在2009年初见成效，使中国保险业实现了逆势增长的辉煌。同时，在总结金融危机教训和我国应对金融危机经验的基础上，我国坚持改革开放的基本国策不动摇，我国经济社会发展的基本面和长期向好的趋势没有改变。然而，2010年保险产业仍然面临严峻考验和新的挑战，市场利率处于历史低位区间，债券市场收益较低，保险资产存在错配风险和市场风险，资金的流动性风险、信用风险、操作风险不容忽视。可见，保险业仍处于重要的战略机遇期，挑战与机遇并存，困难与希望同在。夯实发展基础，防范潜在风险，积极开拓市场，对于维护改革发展稳定大局，促进保险业又快又好地平稳健康发展，具有十分重要的意义。

作为金融三大支柱之一的保险产业，属于国民经济的重要领域。我国加入WTO以后，保险产业对外开放的程度不断扩大，外资保险公司的业务向多元化方向迅猛发展，呈现出较强的比较优势。随之，我国保险产业在国际竞争、外资控制、风险管理、监管体系等诸多方面也逐步暴露出一些不良问题，加上国际金融危机的影响，整个保险产业平稳、安全、持续的发展态势受到挑战。一方面，中国保险产业的发展还处在初级阶

段，与发达国家还有相当大的差距，而世界经济一体化的加速又使其不仅要面对国内竞争，还要面对来自世界级跨国公司的竞争；另一方面，在中国发展大国经济、转轨经济的大背景下，保险产业的社会保障功能、资金融通功能和社会管理功能在减少经济和社会发展中的不稳定、不安全因素方面的重要性日益体现，中国保险产业的发展跟不上经济社会快速发展的问题已经逐渐浮出水面。

二　研究目的及意义

本研究以科学发展观为指导，为使我国保险产业平稳有序地发展、理性地参与国际竞争以及保险监管部门有效地实施监控和管理，力求提供建设性的对策与建议。

首先，针对当前保险产业安全尚无明确界定，从而不利于展开系统研究的情况，本课题将系统地界定保险产业安全的内涵及外延，为形成该领域内系统的研究体系奠定理论基础；其次，研究保险产业的国际竞争力和运行风险，挖掘影响保险产业安全的主要因素，进而通过对这些因素的关联关系和作用机理的研究，建立我国保险产业安全分析的理论体系；再次，运用定性与定量相结合的方法，建立保险产业动态评价指标体系，对保险产业安全度进行测算，并针对保险业自身特征引发的安全隐患，判断其中隐含的重大不利影响因素及其可能引发的不良后果，起到预测、预判、预警的作用；最后，在对保险产业安全问题做出系统、动态研判的基础上，为调整产业政策、优化产业结构、提高产业安全度和竞争力，提供参考和依据。

中国保险产业市场是典型的新兴金融市场，保险产业表现出较强的安全损害传导特性，该产业的不安全问题势必波及包括金融产业在内的许多产业，甚至危及整个国家的产业安全，因此必须建立起一套符合保险产业发展实际需求的有效的产业安全预警机制，全面检测影响保险产业安全的诸多因素，并正确判断指标变量的变化对产业安全的影响程度，协助相关产业单位制定应对措施，确保该产业生存和发展的安全。正是基于这样的目的，本课题致力于系统化地研究中国保险产业安全问题，充分发挥产业安全理论体系在保险产业领域的实际应用价值，丰富和完善保险产业安全理论体系，在分析、评价并解决保险产业安全问题的过程中，形成适用于复杂多变的保险产业环境的弹性理论体系。就国内外现有的研究进展层面而言，本课题处于国际先进水平，研究内容属于国内首创，并为开展国际学术交流创造了条件，更为我国保险产业平稳有序地发展、理性地参与国际竞争以及保险监管部门有效地实施监控和管理等诸多方面提供借鉴与帮助。

第二节　国内外研究现状述评

一　关于产业安全的研究述评

西方发达国家对产业安全问题尤为重视，其对于产业安全问题的研究是沿着两条主线展开的。其一是考察产业国际竞争

力，以波特（M. E. Porter，1990）为代表，该派观点认为，当产业面临劳动生产率更高的国外竞争对手时，其产业安全和发展将受到威胁；其二是考察跨国公司直接投资对产业安全的影响，以布雷（1986）、阿明（1990）、联合国跨国公司中心（1992）为代表，该派主要观点是发达国家试图将落后的国家和发展中国家变为自己的附庸地的时候，跨国公司也正忙于将这些国家中的经济或产业变为自己的产业附庸。国外学者对产业安全评价理论的主要贡献是提出了评价产业国际竞争力的相关指标，但是并未建立评价产业安全的评价指标体系，因而尚无法对产业安全给予整体评估。但是，他们在产业安全问题的应对上有着相当丰富而成熟的经验，其完备的法律体系、高效的审查机构和灵活的运作方式，都非常值得我们学习和借鉴。

国内对国家经济安全和产业安全的研究始于20世纪90年代。顾海兵（1997）认为，产业安全是经济安全的组成部分。经济安全是指由于外国经济特别是发达国家经济对我国经济实行渗透而产生的威胁。产业安全应主要由以下几方面的指标来衡量:“三资”企业外方总资产占全国企业总资产的比重；各大行业、细分行业的“三资”企业外方资产比重；三资企业各类产品总额占全国同类产品总额的比重；外方专利许可量占全国专利许可量的比重。雷家骕、王永县（2000，2001）等人研究了国家经济安全的理论和方法，并对制造业、财政与金融等行业的安全态势作了年度分析报告。江小涓（1995）、金碚（1997）等人从产业经济学角度探讨了国家经济安全和产业竞争力等问题。何维达（2000）对“入世”后我国三大产业安全问题作了初步估算，但是并未展开和深入研究未来中国产业安全评价与估算的定量方法。国内学者关于产业安全评价标准主要有两个：一是制造业安全模型体系，这是“经济安全论坛”（2002 年由国务院发展研究中心国际经济研究所与清华大学中国经济研究中心建立）在其组编的《中国国家经济安全态势——观察与研究报告》中提出的。二是何维达教授提出的产业安全评价指标体系，他在《入世后中国产业安全的评价指标体系与估算研究》（2004）中，将产业安全评价指标划分为产业国内环境、产业国际竞争力、产业对外依存、产业控制力四类评价指标，每一类中又包括若干小指标。

虽然国内外研究学者在产业安全研究领域各有侧重，但是在五个方面表现出了共同的特征，即产业安全的战略性、综合性、紧迫性、系统性和动态性。

二　关于金融产业安全的研究述评

尽管国内外研究者对于保险产业安全的研究尚少，但是对于包含保险产业在内的金融产业安全的研究，却始终属于产业安全领域的主流问题之一。金融安全是一国经济安全的核心。金融安全在一国经济的竞争力培育，抵御国内外各种威胁和侵袭，实现经济健康发展等方面，起着十分重要的作用。由于 20 世纪 80 年代以后，金融全球化已成为世界经济发展的一个鲜明特征和基本趋势，加之 1997 年的东南亚金融危机和 2007 年愈演愈烈的美国次贷危机，因而世界各国日渐将维护金融安全放在了更加重要的位置。国外学者很少专门论述金融安全，

而是把金融安全与经济安全相结合来共同研究。20 世纪 60 年代后期和 70 年代，美、日就有许多学者已经开始了对国家经济安全问题的研究。爱尔兰经济学家埃铁翁（Richard Cantillon，1775）从研究金融风险的角度探讨了银行挤兑的应用方法。Hyman P. Minsky（1953）提出了“金融不稳定假说”，认为商业银行的信用创造功能使金融体系具有天然的内在不稳定性，当金融体系的风险积聚到一定程度后便会爆发金融危机。Keynes 和 Friedman（1964）开创了“泡沫”理论之先河，认为证券市场被投机资金越吹越大的“泡沫”才是引起金融危机的罪魁祸首。Hahn（1969）、Samuelson（1967）和 Shell Stigilitz（1967）等则从理性预期和局部均衡角度进一步论证，认为在缺乏完全的期货市场时，市场自然会沿着一条带有泡沫的路径爆炸式运行，最后导致金融危机发生。美国经济学家克鲁格曼（Krugman，1979）和 Flood、Garber（1984）提出的第一代货币危机模型理论，较好地解释了 20 世纪 70～80 年代的货币危机，认为危机的根源在于宏观经济基础变量的恶化。Stanley、Cavallo 和 Majnoni（2002）认为，发展中国家看似严格的监管原则下实际上潜伏着由于执行“软预算约束”而造成的风险堆积，稍有不慎就有可能导致金融危机。

我国许多学者从不同角度界定了金融安全，王元龙（1998）从金融的实质角度界定，“凡是与货币流通以及信用直接相关的经济活动都属于金融安全的范畴。”梁勇（1999）从国际关系学基本概念出发，结合经济学的思维方式对金融安全进行了界定，认为金融安全是对“核心金融价值”的维护，包括维护价值的实际能力与对此能力的信心这两个紧密相关的方面。其他一些学者，如郑汉通（1999）、雷家骕（2000）、张纪康（2001）、戴小平（2000）等也都从各自研究的角度和领域对金融安全与国家经济安全作了界定。张幼文（1999）的研究认为，国家经济安全并不局限于金融领域，但金融无疑是影响国家经济安全的最重要的方面。王元龙（2003）认为，“金融安全是经济安全的一个重要组成部分。”陈满堂（2000）从对外开放的视角指出，金融安全是国家经济安全的核心。另外，国内学者从20世纪90年代中期就开始关注资本外逃问题。王军（1996）对资本流出的总量和结构进行了深入的研究。王国林、杨海真（2001）采用相关分析、因子分析以及因果分析三种方法分析了中国资本外逃不同估计规模与外国直接投资的关系，研究表明，中国资本外逃与外国直接投资这两个变量间存在着显著性很高的正相关关系。王元龙（2003）则认为“过渡性资本外逃”可以减轻资本外逃对中国经济的冲击。

三　关于保险产业风险的研究述评

当前虽然鲜有专门针对保险产业安全的研究成果，但是较为相关的研究内容诸如保险业风险研究则硕果累累，而保险业风险也是影响保险产业安全的重要问题之一。

Rothschild和Stiglitz（1976）分析了信息不对称对保险市场效率的影响。Kenney（1967）提出保险公司的投资风险和承保风险之间存在密切关系。Daines等（1968）认为，随着

承保风险的增加，应当相应降低投资风险。Babbel 等（1997）从金融风险的角度将保险业风险分成六个类别；而 Kuritzkes 等（2002）认为，保险公司面临的主要风险包括四大类。赵尚梅（2005）和陈秉正（2005）分别从定性分析和模型分析的角度，探讨了保险业诚信危机的根源、必然性以及加强诚信建设的措施。赵宇龙（2005）认为，保险业面临市场风险等三大潜在系统性风险，因而保险监管应该将保险公司的公司治理、偿付能力和市场行为作为监管重点。叶永刚等（2005）提出运用在险值方法对投资风险进行度量，用成分在险值来揭示保险资金市场风险的主要构成和投资组合中每类资产的边际风险。陈正旭和黄波（2008）建立了保险业运营风险分析框架，并运用该框架对 2007 年我国保险运营风险情况进行了分析。

四 关于保险产业偿付能力的研究评述

保险产业研究的另一个热点问题是保险业偿付能力。

1993 年以来，越来越多的国家关注于保险业高速发展所导致的税收流失、资本过快流动、危机防范技术滞后等有害于经济健康发展的危险信号，因此，OECD 保险委员会成立了保险偿付能力监管的专家小组，主要通过调查和分析成员国的保险机构维持偿付能力的技术，从而来检查该国保险监管系统的安全性。BarNiv 和 McDonald（1992）指出因多元相关分析（MDA）有严格的假设，多数运用 MDA 对产险业进行的研究，都违反了变量常态分配的假设。Harrington 和 Nelson（1986）利用回归分析来预测产险业的清偿能力。BarNiv 和 Smith

(1987) 以一年期整体经营比率的平均数/异变数排序作为回归式的因变量来预测偿付能力。Huang Chisheng (1994) 将神经网络方法应用到保险公司偿付能力预警的研究中，并以全部寿险公司为研究对象建立了预警模型。至此，欧美建立了保险公司偿付能力预警系统，并在实践中不断完善。国内方面，粟芳 (2002) 提出了一种计算偿付能力额度的模型，并实证比较了这种风险理论模型和比率法、破产理论法在计算偿付能力额度方面的适用性。封进 (2003) 运用因子分析法，认为1986~2000年中国寿险经营的偿付能力总体呈下降趋势。肖文 (2004) 对欧美主要几种监管工具进行了比较研究，设计出一套符合中国国情的监测指标体系和指标范围。占梦雅 (2005) 运用主成分分析法对我国非寿险保险公司偿付能力指标体系进行了实证分析。赵宇龙 (2006) 指出了我国非寿险最低偿付能力额度标准设置的不足，并依据欧盟标准的理论基础与逻辑，提出了新的改进方案并证实了其有效性。吕长江 (2006) 利用 MDA 模型和 Logistic 线性回归模型预测方法对我国保险公司偿付能力恶化进行预测研究。陈兵 (2006) 介绍了保险公司偿付能力评估的“经济资本”(Economic Capital) 方法及其在保险企业风险管理中的应用。孟生旺 (2007) 整合了大部分传统保险公司的风险度量技术，提出了保险公司风险度量和控制的未偿率模型。

五　关于保险产业资金运用等其他内容的研究简述

对保险产业规模与产业发展安全方面的相关研究，还包

括保险业的资金运用、市场结构与绩效、保险规模等几个方面。

吴定富（2007）提出，将通过开发保险资金投资证券化产品和参与金融衍生品交易试点等一系列措施继续拓宽保险资金运用渠道。蒲成毅和王稔（2008）认为金融保险产业资源共享的寡头垄断竞争格局的开放大市场逐渐形成，保险业已成为金融体系的重要产业之一，而且在社会经济系统的和谐运转中起着不可缺少的“稳定器”作用，并对我国保险产业发展与演化的七大特征与趋势进行了分析。

周伟国（1999）、叶永刚和胡昌生（2000）、赖丹声（2000）、兰青（2000）等诸多国内研究工作者，专门针对加入 WTO 对我国保险产业发展的机遇和挑战、我国保险产业应对 WTO 规制的策略等问题进行了研究。

栾存存（2004）通过基本面分析和动态模型分析，研究了我国保险业增长的状况、路线和动力，并从消费角度建立了保险业和宏观经济因素之间的长期模型和短期模型，发现保险增长源于保险业自身的扩张、国民可支配收入的增长和市场经济体制改革。

目前为止，中国产业安全研究主要集中于实体经济安全与金融安全，有关保险产业安全的专门研究以及针对中国保险产业安全问题的研究还十分缺乏。顾海兵和王亚红（2008）尝试性地以世界保险业与中国国情为背景，从范式角度研究中国保险业安全的监测预警体系，但是对我国保险产业安全问题没有形成系统化、动态化的综合性研究体系。

第三节　研究内容与方法

一　研究内容

保险产业受到国际因素和国内因素等诸多复杂因素的影响，特别是2008年以来，国际风险通过商品市场和资本市场向国内传递，并通过国内市场影响保险市场。保险产业作为金融服务产业的重要组成部分之一，与宏观经济的关联度不断加深，保险产业安全对经济安全的传导性也日益加强。然而，当前对于保险产业安全尚缺乏系统化的研究，为此，本课题组经过长时间的研究积累，对保险产业安全问题产生了如下研究思路。遵循这样的研究思路，本课题的主要研究内容如下。

（一）界定保险产业安全的内涵和外延，建立保险产业安全分析的理论体系

针对当前保险产业安全范畴尚无明确界定，保险产业安全研究的理论体系尚不完善，从而不利于展开系统研究的情况，本课题将以科学发展观为指导思想，以产业安全理论为基础，从系统科学理论的视角，遵循保险产业自身的发展规律，在细致梳理国内外相关学术思想观点和认真分析我国保险产业运行环境的基础上，界定保险产业安全的内涵及其外延，为形成该领域内系统的研究体系奠定理论基础。在大国经济、转型经济和开放经济的背景下，同时，在不脱离国际经济一体化、WTO框架限制的背景下，研究保险产业安全问

题的影响因素、系统结构、作用机理等，建立我国保险产业安全分析的理论体系。运用保险产业安全理论研究体系，探讨围绕保险产业安全问题的产业结构、产业布局、产业组织和产业运行环境等方面的问题，进而为指导保险产业发展的实践打好理论基础。

（二）分析国际国内经济和金融发展的新情况、新特点，研究保险产业国际竞争力和产业控制力的状况及发展趋势

在新的形势下，探讨中国保险产业安全问题，必须首先对保险产业面临的国际国内经济和金融发展的新情况、新特点进行详尽分析，探讨它们对我国保险产业安全的影响范围和影响程度，并将其作为建立保险产业安全评价指标体系的现实依据。

当前中国保险市场的竞争主体发生了较大变化，不再仅仅是国内保险公司之间的竞争了。随着外资保险公司的进入，竞争主体扩大到整个国际范围，使得竞争主体具有国际性。中外资保险公司之间的竞争，实际上就是国际化和本土化之间的竞争。外资的冲击给我国保险产业带来了强大的压力，我国保险产业不得不参与到国际竞争之中，以此来发展我国的保险市场，同时还要时刻警惕外资对我国保险产业的控制达到危险的程度。

在国内外现有研究成果的基础之上，根据指标体系设置的基础理论，并且综合保险产业的特征和功能，本课题着力研究中国保险产业的优势和劣势、国际竞争力和产业控制力的发展及趋势，并建立评价保险产业现实竞争力和潜在竞争力的指标体系，以及研究中国保险产业的外资控制度。

（三）分析保险产业自身特征引发的安全隐患，研究保险产业运行风险

作为专门从事风险集中与分散的经济实体，一方面，保险产业不仅要承担和转化客户的风险，还要防范和化解自身经营风险，这种经营特点决定了保险产业面临的风险要大于其他产业；另一方面，我国保险产业的高速发展在一定程度上掩盖了产业潜在的运营风险。

中国保险市场作为典型的新兴金融市场，还存在不少问题，主要表现在行业基础薄弱、内控风险较为突出、外部风险日益凸显、保险行业的环境建设与外部监管水平跟不上保险产业快速发展的需要。这些问题若不能得到妥善的分析和解决，将导致中国保险产业运营风险的发生，并给保险产业安全带来隐患。

本课题将基于对保险风险研究成果的评述，建立中国保险产业运营风险分析框架，并依照此框架对我国保险产业运营风险进行分类研究，为我国保险产业有效地进行风险管理、提高资金运用能力和偿付能力提供参考与借鉴。

本课题还将充分考虑保险产业自身发展特征所导致的安全隐患，建立保险产业的产业安全动态评价指标体系，运用定性分析与定量分析相结合的手段，测算我国保险产业的产业安全度。

（四）进行保险产业的产业安全评价，对产业中的安全隐患发出预警

鉴于国际国内经济贸易出现的诸多新情况、新特点，为准确评估我国保险产业安全状况，有效开展维护产业安全工

作，建立一套科学的产业安全评估指标体系尤为关键。本课题拟在总结借鉴国内外研究成果和经验的基础上，结合我国保险产业自身特征，综合分析影响产业安全的内外因素，从产业国内环境、产业国际竞争力、产业对外依存度、产业控制力四个方面初步设置产业安全评估体系，并对各个方面进行细化，尤其是将金融环境作为重点纳入产业国内环境评估中。在此基础上，通过实地调研、专家访谈、定量分析等多种手段，调整和完善指标结构，形成一套科学的产业安全评估指标体系。

在前述研究的基础上，采用适当的方法，对影响保险产业安全的重要指标进行解析，设立有效的阈值区间，以判断其中隐含的重大不利影响因素及其可能引发的不良后果，起到预测、预判、预警的作用。

（五）产业安全分析说明和政策建议

在对保险产业安全进行定量分析的基础上，进一步开展定性分析，通过解析保险产业安全评价数量结果及预警信号，同时对难以量化的因素进行定性分析，对保险产业安全问题做出系统、动态的研判，为调整产业政策、优化产业结构、提高产业安全度和竞争力，提供参考和依据。

二　研究方法

本课题主要的研究方法是：

（一）系统分析与系统综合相结合的方法

本课题研究的中国保险产业是一个复杂的系统，各构成因

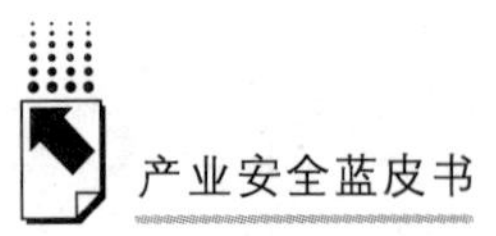

素间存在复杂的相互作用，因此需要从整体上认识和处理问题。系统分析方法强调为了认识整体必须认识部分，只有把部分弄清楚才可能真正把握整体，但系统的整体层面还具有涌现性特征，所以需将系统分析与系统综合两种研究方法相结合。

（二）理论研究与案例论证相结合的方法

本课题研究不仅重视产业理论脉络的梳理，更注重与实际的典型案例的结合，尤其是对典型案例的考察，实现以理论研究和案例论证相结合，系统研究保险产业安全与发展中的重大问题。

（三）局部描述与整体描述相结合的方法

产业安全与发展由产业竞争力、产业外资依存度、产业控制力等众多的属性体现和表达，因此，有必要对关键属性加以梳理和评价，理清产业的局部微观系统与整体宏观系统的关联和特征，这对研究产业的安全和发展有着重要的意义。

（四）定性描述与定量描述相结合的方法

对产业安全进行评价，必然涉及评价标准及评价方法两个方面。为此，本课题一方面积极构建产业安全评价指标体系，另一方面努力运用恰当的方法来处理这些指标。对不确定性或模糊性较强以及无法进行定量描述的指标，运用定性描述方式加以评判；对必须并且能够以定量描述方式表达和评判的指标，通过数理统计与分析、熵值赋权法等数量方法的综合运用进行描述和评价。

（五）纵向比较与横向比较相结合的方法

保险领域中的问题势必需要对纵向历史数据进行对比分

析，同时需要进行国别和地区之间的横向比对，这样才能够有效地发现问题，吸收先进经验和吸取历史教训。因此，本文既注重关键指标下历史数据的对比分析，又以国际化的视野加强国别和地区之间的比较研究。

第四节　保险产业安全

一　保险产业安全的界定

保险产业面临着来自多方面的风险，我国保险产业在国际竞争、外资控制、风险管理、监管体系等诸多方面逐步暴露出一些不良问题，加上国际金融危机的影响，整个保险产业平稳、安全、持续的发展态势受到挑战。而保险产业又表现出较强的安全损害传导特性，该产业的不安全问题势必波及危害包括金融产业在内的许多产业，甚至危及整个国家的产业安全，因此建立保险产业安全体系势在必行。本节力图明确保险产业安全的内涵和外延的界定，从宏观层面上分析我国保险产业的国际竞争力，阐述对我国保险产业对外依存度和控制力方面的见解。

中国期刊网（中国期刊全文数据库）的检索情况如下[①]：以“主题”为检索项，“保险产业”为检索词，实行模糊匹配，以相关度排序，得到2000～2010年的全部数据记录3127

① 检索日期：2010年5月16日。

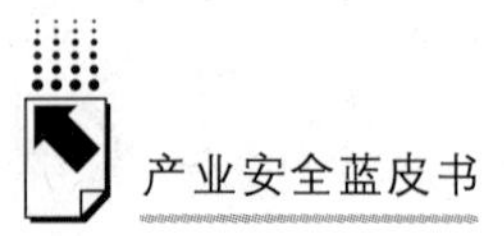

条。对“保险产业安全”的检索记录仅为156条，并且其中的大部分资料不是对保险产业安全这一主题详细的研究，能够提供的信息非常有限。对有限的资料进行综合整理，在保险产业安全内涵界定方面主要有以下内容。

顾海兵、王亚红（2008）认为中国保险业产业安全可以界定为：在世界经济一体化的大背景下，在保证有效供给与经济、社会发展匹配的前提下，中国国内资本对其保险业拥有适当控制力的动态过程。主要可以从三方面进行理解：第一，中国保险业安全问题研究不能脱离国际一体化逐步深化的大背景。第二，我国保险业安全需要满足如下两个条件：①保险业的有效供给与经济、社会发展所处的阶段相匹配。②中国保险业安全是个动态过程。第三，中国保险业安全的本质主要体现在其供求平衡上，实际上是强调一个实际供给量与需求水平的平衡问题。如果达不到这种水平，即使国内资本对保险业的控制力达到100%，中国的保险业也处于不安全状态。中国保险业安全的核心是在保险业供求平衡的基础上保障本国资本在本国保险业中的控制力。

周延礼（2010）强调保险业的平稳、健康、快速发展态势，强调其是一个动态发展的过程。具体表现在保险业竞争力的增强、保险业发展环境的持续改善以及保险监管的不断完善。

参照李孟刚（2010）对产业安全含义的阐释，我们将中国保险产业安全界定为：中国保险产业安全是指保险产业在生存和发展过程中不受威胁，能够自主、健康、有效地发展。具

体可以从以下三个方面进行理解。

第一，特指中国保险产业。主要涉及保险业的参与主体——寿险、财产险、再保险及保险公司以及保险业的工作人员。

第二，保险产业的生存和发展处于稳定的状态。

第三，保险产业不受外界的威胁。

二 保险产业安全与国家经济安全

（一）保险产业安全对国家金融环境的影响

保险业是现代金融体系的重要支柱，防范化解保险风险，是构筑牢固的经济社会安全网的关键环节之一。准确评估保险业风险防范面临的形势，客观分析保险业风险防范化解工作的现状，采取切实有力的措施防范化解风险，是保险业必须面对的重大历史性课题。我国保险业发展环境正在发生复杂而深刻的变化，给保险业风险防范工作带来了越来越多的不确定因素。一是经济全球化的挑战。风险跨国家、跨区域、跨行业传递的可能性越来越大，发展中国家的金融体系很容易因为外部投机冲击和风险传递而受到损害。二是利率市场化和汇率形成机制改革的挑战。目前保险公司投资组合基本属于利率敏感型产品，利率市场化将直接影响保险公司的投资收益，并且随着保险资金境外投资渠道的逐步放开，保险公司的投资还面临汇率变动风险。因此，利率市场化和汇率形成机制改革的推进，将改变保险产品的定价基础，加大保险产品定价的难度，增加保险产品与其他金融产品的相互替

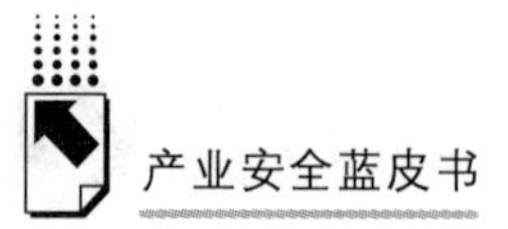

代性，进而使保险产品销售面临更加激烈的竞争。三是金融综合经营趋势逐步深化的挑战。当前，国内金融综合经营在逐步发展，金融综合经营在产生规模经济和范围经济效应的同时，也大大提高了金融风险跨市场传递的可能性。“十一五”时期，保险业稳步参与金融综合经营，与银行、证券业的合作竞争关系逐步向深层次发展，对保险业风险防范工作提出了新的要求。特别是当前我国金融创新大量涌现，不断产生新的风险类型和新的风险传导方式，建立安全有效的金融“防火墙”，防止系统风险积累和爆发，是保险业必须承担的一项重要责任。四是保险业投资渠道不断拓宽的挑战。随着保险业投资渠道的进一步放宽，保险资金将开始涉足许多全新的领域。如何在试点的基础上，根据保险业风险控制水平稳妥渐进地拓宽保险资金投资渠道，是保险业必须妥善处理的一个重大课题。

从国际保险市场发展规律和近年来我国保险市场发展趋势看，保险业与国民经济发展具有高度相关性。当前保险业发展的积极条件和有利因素在不断增多，形势好于预期。

譬如，在积极的财政政策下，投资增长特别是一些基础设施和项目的投资建设，既为保险资产配置提供了渠道，也带动了一些新的保险需求。尤其是随着医改、社保、“三农”等民生建设的推进，更为保险业发展提供了难得的机遇。

但是，困难和挑战犹存。当前世界经济总体仍处于衰退之中，我国保险业“防风险、调结构、稳增长”的任务依然艰巨。比如在非寿险领域，与进出口相关的货运险等业务受到的

影响较明显，增速下降幅度最大。

工程险、信用险等业务虽增长较快，但在整个财产险业务中所占比重仍显得“无足轻重”。以人保财险为例，2010 年其 1543 亿元的保费收入中，工程险保费不足 20 亿元，信用险规模则更小。

上海闵行区“在建楼体坍塌事件”曾引发了人们对工程保险严重缺位的关注和讨论。美亚财险中国区能源及工程险部负责人戴嘉表示，在国外，工程类保险已有超百年历史，发达国家普遍通过立法强制投保建筑工程险。但在国内，开发商很少投保这类保险。美亚提供的数据显示，中国每年的建筑工程保险费大约仅为建筑安全工程投资量的 0.2‰，国内办理工程保险的工程项目占比不足 10%。

投保的覆盖面窄是不争的事实，同时，承保中出现恶性价格竞争也是一个严峻问题。在一些二线城市的财产险市场，尤其是在地铁工程等大型项目的保险竞标中，不计后果压价夺标的行为仍然存在，需要引起足够重视。

人保财险目前对所有工程险项目都实行由总公司集中管控的模式，并收回了以前对省级公司的授权，这样做就是为了防范工程险业务风险并更好地提升服务质量。

（二）保险产业发展与安全对国家经济发展的作用机理分析

1. 保险产业的较好发展将促进国家经济发展，而保险产业的安全隐患危及国家经济安全

2010 年保险业务增长好于预期，实现保费收入 14528 亿

元，实现了30.4%的增速，保险公司总资产突破5万亿元。经营效益大幅提升，财产险公司总体扭亏为盈。全行业投资收益率5年间年均收益率超6%。业务质量明显改善，产险公司综合成本率、应收保费率、寿险期交业务占新单业务的比例、退保率均为三年来的最高水平。可见，我国保险业的发展状况较好。

（1）保险产业发展是维护国家产业安全的重要保障。

只有发展，产业需求才会不断扩大，产业安全才能有保障。保险能大大减轻意外事件给企业和居民生产生活带来的冲击。2010年，原保险赔付支出达3200.43万亿元。保险，特别是出口信用保险，是促进对外贸易、提升产业国际竞争力的重要政策工具。通过提供风险保障和融资便利，出口信用保险有力地支持了国内企业“走出去”，在境外油气和矿产资源开发、基础设施建设和境外开发区建设等方面取得了积极进展。2008年国际金融危机发生后，出口信用保险保出口、保增长的作用更加明显。2010年，中国信用保险按照国家“完善出口信用保险政策措施”的要求，坚持“以政策为依据、以市场为导向、以客户为中心”的经营理念，充分发挥政策性职能，出口信用保险覆盖面进一步提高。2010年中国信用保险的短期出口信用保险的承保规模突破了1500亿美元大关。短期出口信用保险支持出口到俄罗斯、巴西、印度等新兴市场国家的业务622.4亿美元，增长71.0%；支持出口到发达国家的90天以上长账期业务262.4亿美元，增长55.7%；支持出口到发达国家的远期信用证业务110.7亿美元，增长62.8%，直

接拉动我国出口共计995.5亿美元，增长71.8%。2010年中国信保总承保规模达到1811.7亿美元，向企业支付赔款3.2亿美元，服务的客户数同比增长42.7%；支持企业出口的能力显著提升，出口信用保险保额占我国一般贸易出口总额比重的25.9%，比2009年提高了7.3个百分点。

（2）保险业的发展也会对金融市场的发展产生重大影响。

一是保险业的发展改变了经济中的资金结构，长期资金供给相对增加，因而增加了对长期证券的需求，降低了长期证券的发行成本，刺激证券供给。这样，既利于金融市场的深化和稳定，又降低了公司的融资成本，进一步促进了公司投资，尤其是长期投资，最终促进经济长期稳定的发展。而经济的稳定发展也有利于金融体系的稳定和保险业的发展，从而实现经济发展的良性循环。二是保险业的发展促进了金融市场的创新、竞争和效率。资本市场的竞争和效率通过专业化和自由出入制度进一步得到加强，拥有大量长期资金的保险业可以进入一级市场，打破垄断，促进一级市场的竞争。三是保险业的发展改善了资本市场规制，促进资本市场提高透明度，改善公司的治理结构。四是保险业的发展促进国内金融市场的深化和流动性，从而为境外投资者传递国内金融市场稳健的信息，促进境外投资者跨境交易；在吸收外资的同时，也促进了国内金融市场的国际化。

（3）保险产业的安全隐患将会影响经济社会的平稳运行，危及国家金融安全。

一个国家的发展水平越高，保险业在保障人民生产、生活方面发挥的作用就越大。随着我国经济社会的进步和保险业发展水平的提高，越来越多的风险将通过保险机制得到保障和补偿。如果保险业的安全隐患不能得到及时有效的分化化解，那么，在出现重大灾害事故时保险业就有可能无力赔付，从而影响社会的稳定和经济的运行。2010 年保险业总资产突破 5 万亿美元，在金融市场中，保险公司是债券市场第二大机构投资者和股票市场重要的机构投资者。未来 20 年是保险业发展的重要战略机遇期，保险业中资产的规模还将继续扩大，保险资产占金融资产的比重也将逐步提高，因此，保险业的安全对国家金融安全的影响也越来越突出。

2. 国家经济发展对保险产业发展的新要求

（1）全面战胜国际金融危机要求保险产业实现发展方式的转变。

无论从宏观经济看，还是从保险行业看，国际金融危机的冲击实质上是对发展方式和业务结构的挑战。国际经验表明，在经济周期性调整时，保险公司大都顺势优化业务结构，鼓励和支持保险产品创新，开发竞争有优势、市场有需求、社会有需要的保险产品，尤其鼓励发展长期储蓄型和风险保障型产品。当前，要巩固应对国际金融危机的成果，一个重要的方面就是继续坚定不移地推进保险业发展方式转变。粗放发展方式给行业埋下了风险隐患。比如，发展稳定性差，资产负债匹配的难度加大，收益过于依赖投资，使部分公司忽视承保业务的质量和效益，这是造成经营风险的一个重要原因。通过发展方式的转变，可以提高发展质量和效益，提高行业的整体实力，

增强抵御风险的能力。从粗放开发资源向和谐利用资源转变，注重可持续发展，为社会公众提供诚信、优质和高附加值的保险服务。同时要优化渠道结构，引导公司合理配置销售渠道，逐步形成不同渠道相互补充、共同发展的格局，鼓励保险公司探索符合自身实际的营销模式。还要优化区域结构，积极发展农业保险，推广农村小额人身保险，积极争取新型农村养老保险试点，促进中西部保险市场。

（2）中国经济国际竞争力的提高要求保险产业提高国际竞争力。

首先，提升我国国际竞争力，要抓好亚洲经济率先复苏的机遇。以中国为代表的亚洲经济体率先企稳回升，继续保持平稳较快发展的势头，必将在世界经济舞台上扮演重要的角色。中国和亚洲其他保险业要利用好本区域经济发展的基础，切实加强本区域保险市场的发展。当然中国和亚洲保险业也要认真吸取西方保险机构的经验教训，在快速发展过程中将保险业的安全性、流动性放在首要的位置，更加重视发挥保险业本来意义上的功能作用，也就是风险管理和提供保障的作用。其次，积极参与全球保险市场的竞争，提高自身国际化的水平。亚洲本土保险企业在加快发展的同时，要尽快提升自身综合经营管理水平，切实把本土化的优势和国际化经验结合起来，积极参与全球保险市场竞争，提高国际化水平；要切实搞好企业自身的管理国际化、运作市场化、决策科学化、制度规范化，特别是人才专业化，实现企业“五化”是实现打造国际顶级金融保险集团的路径。

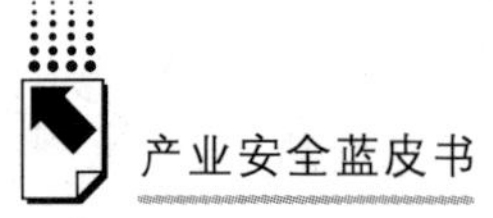

（3）保险公司作为投资主体在金融投资市场上的地位不断上升。

保险资金在投资市场上天生就是上帝的宠儿，因为现金流每年稳定成长、可用周期相当长、投资的范围也因新保险法的出台在不断地放宽，资产负债比、投资产品比例的限制再加上投资渠道等优势，稳健的投资风格在中长期的投资中往往是最后的赢家。在全球惯例中对购买保险的客户的独特的税收优惠政策，都将使保险资金越来越大，成为金融投资市场的主力军。

（4）维护国家经济安全、防范化解风险要求加强改进保险监管。

第一，要坚持防范风险不放松，着力维护保险市场的健康稳定。这既要善于在变化的形势中捕捉和把握难得的发展机遇，又要增强忧患意识和风险意识，把困难估计得更充分一些，把应对措施考虑得更周密一些，防止由于估计不足和准备不够陷于被动。要从维护行业稳定、金融稳定、社会稳定的高度，对面临的风险点进行全面排查。当前，要重点关注和防范五个风险，即防范资本金不足和偿付能力不达标的风险、防范资产管理的风险、防范公司管理和内控不到位的风险、防范境外金融风险跨境传递的风险、防范综合经营的风险。

第二，要加强市场行为监管，着力规范保险市场秩序。加大现场检查力度，提高市场行为监管的针对性和有效性。在财产险方面，以提高数据真实性和规范车险市场为重点；在人身险方面，以整治销售误导和规范银保业务为重点；在保险中介

方面，以保险公司中介业务合规性检查为重点；在综合性检查方面，以加强总公司检查为重点。推进建立治理商业贿赂长效机制。

第三，要加强法人机构监管，着力提高保险监管效率。加强偿付能力监管，对偿付能力不达标的公司采取更严格的监管措施。加强保险资产管理监管，加强制度建设，调整投资政策，强化风险管控，加强基础建设。加强保险公司治理监管，强化保险公司股权管理，进一步完善公司监管责任人制度，继续做好保险公司法人机构属地化监管试点。加强高管人员监管，严格高管人员准入和任职的条件，强化高管人员责任追究制度。继续推进分类监管，改进法人机构分类监管指标，加强对中小保险公司的分类指导。

3. 受国际金融环境的影响，我国保险业面临新变革、新趋势

全球经济刚刚经历了百年不遇的金融危机洗礼，进入后危机时代，世界经济开始复苏，但过程缓慢而曲折。中国经济回升向好的趋势不断得到巩固，但也仍然面临不少困难和问题。后危机时代的全球经济，特别是中国的经济都在进行结构调整，保险业也面临着重大而深刻的变革，我国保险业的发展也将出现新的趋势。

（1）我国保险行业赢利模式的变革。

2010 年以来随着中国保险资金渠道的不断拓宽，尤其 2006 年和 2007 年资本市场爆发式的增长，许多保险公司获得了巨大的投资收益，加上市场竞争的日趋激烈，现金流承保的理念开始盛行，有承保业务和其资金依靠投资收益占其利润的赢利模式得到业界不少公司的认同。力求实现低保险费和高投资之间的良性循环更是成为不少管理人员推崇的赢利模式。保险业渐渐由过去较多依靠承保利润发展为投资收益，尤其是产险和再保险。这次席卷全球的金融危机引发保险公司对投资收益保险赢利模式的重新思考。由金融危机引发的资本市场深度下挫，使各公司投资收益锐减，甚至造成全行业赢利大幅度下降。单纯地追求投资收益的利润模式造成了保险业效益的不确定性和不稳定性，是不稳健、不可持续的。保险公司已经普遍开始进行结构调整，重视承保利润和投资收益的双实现。

（2）受全球保险格局变革的影响，我国保险业的发展潜力仍然很大。

金融危机在某种程度上导致了世界金融格局的重新调整，以中国、印度为代表的亚洲经济体危机后正在迅速崛起。随着人民币国际化进程的加快，中国在全球金融领域的地位、作用和影响力不断提高。而且在危机后，传统国际金融市场地位受到挑战，很多跨国金融机构从全球撤出，将为中国的金融机构开放国际金融市场留出很大空间，上海受到了更多关注，有可能成为新的全球金融中心。

（3）我国保险社会背景的变革。

这次金融危机给保险业带来的影响与其说直接影响很明显，还不如说给保险业赖以发展的背景所带来的影响更加广泛、深刻、持久，主要反映在人们对保险观念和消费模式的变化上。

全社会保险意识比较薄弱，以及理财观念比较陈旧，使得老百姓有钱就存到银行去。我国保险资产占金融资产的比重非常低，而银行资产占金融资产的比重超过90%，保险资产比重的上升空间很大。近年来金融危机和自然灾害的发生，一方面给民众上了一堂风险意识教育课，全社会保险意识显著增强，人们意识到只有拥有必要的保险才能抵御不期而至的风险，另一方面也给我们传统的理财模式和观念带来了较大的冲击，大家意识到不能把钱都存到银行里，也不能都投到高回报和高风险的股市里，必须科学合理地配置。具有保障功能和投资功能的保险产品，无疑是个人理财和资产配置的重要渠道。

受此次金融危机的影响，无论是欧美发达国家建立在个人信用基础上超前的消费模式，还是在我国不健全、低水平的社会保障制约下的相对保守的消费模式，都将会发生深刻的调整和变化。就我国来说，在后危机时代随着出口拉动作用的减弱，消费在经济增长“三驾马车”当中的作用将会明显地体现出来。扩大内需将是未来一个时期内持久的政策选择，而转变消费模式、鼓励适度消费、促进消费升级将是广大消费者必然的需求。一方面，保险业能够有效发挥对社会保障的补充作用，有利于解除人们对未来生活的后顾之忧，从而促进当前消费的扩大；另一方面，保险产品本身也是人们提高消费水平实现消费升级的重要组成部分，还可以带来保险信誉的扩大和消费的增加。因此，后危机时代消费模式的变化将对保险业发展提供更高的要求。

（4）保险公司的产品趋势有所改变，保险销售渠道也将越来越广泛。

2006～2008 年是投资连接保险从高调入场到不愉快收尾的时间，2008 年和 2009 年万能保险也有着不断成长的市场，2010 年回归保险本质的传统型保障、大病保险，分红型寿险、信托类返还型分红寿险和养老金成为市场的主旋律，这是保险公司帮客户进行中长期投资、锁定储蓄、规避遗产税等简单易行的方式。寿险顾问、电话营销、银行代销、保险中介、网络销售、团险部的人员销售个险，全方位的销售渠道在保险公司中逐步形成，这增加了客户了解保险的几率，但也带来困扰。个人客户需要保持冷静，最好有一个私人的值得信任的顾问，从客户的角度出发提出有效的建议，避免客户盲目购买。

第五节　研究的主要结论及意义

一　本课题的主要结论

第一，改革开放以来，中国保险产业有了较大的发展，对推动国内服务业的发展发挥了重要的作用。与此同时，中国国际保险服务领域也在逐步扩大，引进了国外先进的管理方法、技术和经验，对中国现代化建设发挥了积极作用。

第二，全球竞争的焦点有向服务业转移的趋势，提升服务业国际竞争力已成为我国在加入 WTO 后刻不容缓的任务。我国保险服务虽然在改革开放后获得了前所未有的快速发展，日

益成为国民经济的重要组成部分，但由于长期以来我国不重视发展服务业等多方面原因，导致服务业的发展滞后于其他产业，也落后于其他国家特别是欧美等发达国家。所以，从总体来看，中国保险产业尚处于发展初期，存在着许多亟待解决的问题。

第三，在全球经济危机的冲击下，制约中国保险产业发展的因素越发凸显，从产业安全角度而言，中国保险产业存在着一些安全隐患。在大力促进中国保险产业发展的同时，关注发展当中各主要因素的变化及其对保险产业安全平稳运行的影响，研究如何更好地构建我国保险产业安全保障体系问题，不仅关系国家社会、经济安全，也是积极应对国际经济动荡局势对我国经济贸易影响的一个重要举措，是当前急需解决的一个新课题。本文正是在此背景下提出的一个具有前瞻性、创造性、有价值的研究课题。在全球视角下，本文从国际国内经济贸易变化趋势、产业国际竞争力等角度探讨我国保险产业安全的影响因素及其作用机理，并在此基础上构建我国保险产业安全保障体系，其研究结果将有助于国家金融安全保障体系的建立，也将为今后制定保险产业安全政策提供有力的技术支持和重要依据。

第四，保险是国际收支经常项目中服务项下最主要的项目之一。近年来，随着我国保险行业的迅速开放，我国保险项下收支逆差不断扩大，已严重影响我国的国际收支状况。从总差额的情况看，近年来我国保险的国际服务贸易一直处于逆差状态。在新的形势下，探讨中国保险产业安全问题，必须首先对保险产业面临的国际国内经济和金融发展的新情况、新特点进行详细分析，探讨它们对我国保险产业安全的影响范围和影响程度，并将其作为建立保险产业安全评价指标体系的现实依据。

第五，在总结借鉴国内外研究成果和经验的基础上，结合我国保险产业自身特征，综合分析影响产业安全的内外因素，从产业国内环境、产业国际竞争力、产业对外依存度、产业控制力四个方面初步构建产业安全评估体系，并对各个方面进行细化，尤其是将金融环境作为重点纳入产业国内环境评估中。在此基础上，通过实地调研、专家访谈、定量分析等多种手段，调整和完善指标结构，形成一套科学的产业安全评估指标体系。

第六，通过运用神经网络等定量分析方法，结合保险产业安全与发展的重要影响因素进行分析，建立保险产业安全预警体系。实证分析表明，该套预警体系对保险产业安全的检测和警戒，具有一定的实践指导意义。

二　研究的创造性成果和新见解

在理论层面，系统化地研究了中国保险产业安全问题，界定了保险产业安全的内涵及其外延，充分发挥产业安全理论体系在保险产业领域的实际应用价值，丰富和完善了保险产业安全理论体系；在分析、评价并解决实际保险产业安全问题的过程中，建立了适用于复杂多变的保险产业环境的弹性理论体系。从国内外现有的研究进展层面而言，本课题处于国际先进

水平。

在研究内容层面，建立了保险产业的产业安全动态评价指标体系，运用定性分析与定量分析相结合的手段，测算我国保险产业的产业安全度，并对产业中的安全隐患发出预警。研究内容属于国内首创，为开展国家间的学术交流创造了条件，更为我国保险产业平稳有序地发展、理性地参与国际竞争，以及保险监管部门有效地实施监控和管理等诸多方面提供借鉴与帮助。

在技术路线层面，在搭建保险产业安全评价和预警平台的过程中，在综合和借鉴现有评价方法体系和定量分析的基础上，进行了集成创新，建立了从数据收集、数据筛选、数据挖掘、数据评价到评价结果预警等不同阶段的预测和判断方法体系。这不仅可以进行综合安全状态的评价，还能进行产业安全状态的动态预警，从而为防范保险产业安全危害提供决策支撑。

理 论 篇

Report on Theoretical Subjects

中国保险产业自2000年以来表现出明显的弱周期、高成长特性。GDP持续增长、人口老龄化进程加速以及为社保体系补位的行业特征构成基础性支撑。2010年中国人均GDP只有4382美元，与世界范围内保险行业高速发展区间1000～10000美元相比仍有足够空间；宏观经济反转势头确立、通货膨胀预期渐强以及上游相关行业景气度恢复激发旺盛需求，消费者信心迅速恢复和资产保值需求增加使得投资理财类保险产品迎来发展契机；城镇居民收入大幅增加的同时恩格尔系数不断降低，实际购买力明显提高；2005～2010年专业保险中介和保险营销员数量逐年递增，电话销售渠道蓬勃发展，保险企业销售能力得到延伸，支撑客户需求转化为销售业绩。中国保险业经过“十一五”时期的快速发展，综合实力迅速提升，并已成为全球重要的新兴保险市场。

2010年是中国“十一五”规划的最后一年，中国保险业围绕“转方式、调结构、防风险、促发展”的指导思想，开展了卓有成效的工作，取得了显著成绩。与此同时，保险市场深层次的矛盾和问题不断显现，发展方式粗放，创新能力不足，暴露出明显的阶段性特征，发展方式还未得到实质性转变，“转方式、促规范、防风险、稳增长”的道路仍将任重而道远（郭金龙，2011）。在机遇与挑战相互交织的纷乱环境中，保险行业投资业绩波动可能性加大，企业的风险管理能力起到决定性作用。

B.2

保险产业总体运行状况

在业务结构方面，2010 年财产保险“一枝独秀”的增长势头虽受到其他子行业的冲击，但依然保持良好的发展势头。与此同时，税延养老保险前景看好，寿险投资型产品占比将有所上升；在资产结构方面，权益类投资尤其是基金占比有所提升，不动产投资潜力得到充分挖掘；在竞争格局方面，商业银行参股后，将资金、网点、客户资源和美誉度方面的巨大优势转化为市场竞争力，对传统企业构成实质性威胁。而保险企业的综合化经营必须在主业与新业务领域中找到合适的平衡点，才能协调发展。

第一节　2010 年保险市场运行基本状况

一　市场竞争主体分析

（一）财产险公司

2010 年，财产险公司中中国人民财产保险股份有限公司、平安财产保险股份有限公司、太平财产保险有限公司三家公司市场份额最大，三家公司的保费收入分别是 1539.30 亿元、621.16 亿元、515.29 亿元，市场份额分别是 38.23%、15.43%、12.80%。外资公司中，市场份额最大的三家公司是

美亚、东京海上、三井住友，全年实现保费收入分别是 10.21 亿元、4.13 亿元、4.05 亿元，市场份额分别是 0.25%、0.10%、0.10%，三家公司在外资财产险公司的市场份额分别是 23.84%、9.64%、9.46%，这说明外资财产险公司的市场份额总体并不高，并且外资的市场份额也不高。

（二）人寿险公司

2010 年，寿险公司中的国寿股份、平安人寿、新华三家公司市场份额最大，三家公司的保费收入分别是 3330.40 亿元、1590.64 亿元、936.43 亿元，市场份额分别是 31.72%、15.15%、8.92%。外资公司中，市场份额最大的是友邦、中意、华泰人寿，全年实现保费收入分别是 84.70 亿元、61.46 亿元、60.64 亿元，市场份额分别是 0.81%、0.59%、0.58%；三家公司在外资产险公司的市场份额分别是 14.32%、10.39%、10.25%。

二　保险保费收入

2010 年，全国保费收入达到 14527.97 亿元，同比增长 30.44%，增速超过 2009 年的 13.83%（见图 2－1）。其中财险全年实现保费收入 3895.64 亿元，同比增加 35.46%；人身险实现保费收入 10632.33 亿元，同比增长 28.70%。

2010 年银监会发布《关于进一步加强商业银行代理保险业务合规销售与风险管理的通知》，禁止保险公司在银行驻点销售。受此影响，第四季度保费收入增速有所下降，实现保费收入 3203.68 亿元，是全年四个季度中最少的。

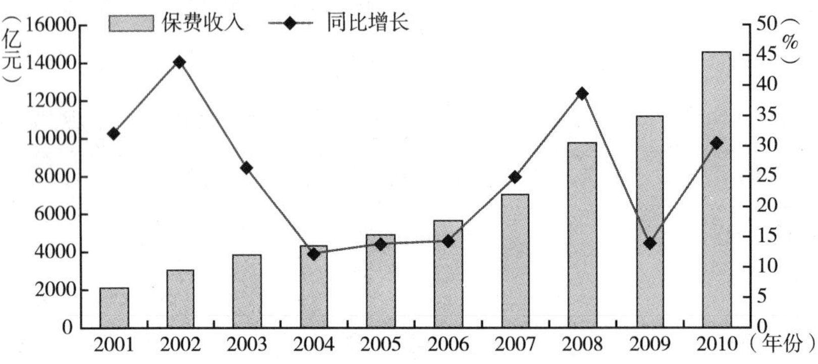

图 2－1　2001～2010 年保费收入和增长速度

资料来源：根据《中国保险年鉴》（2001～2010 年）及中国保险监督管理委员会网站（http：//www. circ. gov. cn）统计数据计算、整理得到。

三　财产险市场运行状况

2010 年，财产险实现保费收入 3895.64 亿元，同比增长 35.46%。全年各季度实现保费收入相差不大，四个季度分别实现保费收入 994.50 亿元、1023.35 亿元、937.04 亿元、940.75 亿元。表 2－1 为 2010 年全年各月的累计保费收入和增长情况。

表 2－1　2010 年各月累计保费收入和增长情况

月份	保费收入（亿元）	同比增长（%）	财产险（亿元）	同比增长（%）	人身险（亿元）	同比增长（%）
1	1642.98	43.16	439.50	47.82	1203.48	41.53
2	2988.06	40.74	651.79	40.19	2336.27	40.89
3	4541.36	38.60	994.50	38.40	3546.86	38.65
4	5655.16	36.58	1340.34	36.39	4314.82	36.64

续表

月份	保费收入（亿元）	同比增长（%）	财产险（亿元）	同比增长（%）	人身险（亿元）	同比增长（%）
5	6737.06	36.09	1649.56	36.45	5087.50	35.97
6	7998.55	33.62	2017.85	33.47	5980.71	33.67
7	9039.11	33.19	2337.73	32.90	6701.38	33.30
8	10099.13	32.98	2629.57	32.63	7469.56	33.10
9	11324.30	31.98	2954.89	32.27	8369.41	31.88
10	12383.08	32.28	3226.29	32.67	9156.80	32.15
11	13440.35	31.55	3527.71	33.62	9912.64	30.83
12	14527.97	30.44	3895.64	35.46	10632.33	28.70

资料来源：根据中国保险监督管理委员会网站（http://www.circ.gov.cn）统计数据整理得到。

四　人身险市场运行状况

2010年，人身险市场回暖，全年共实现保费收入10632.33亿元，同比增长28.70%，比2009年10.9%的同比增长速度有较大提升。其中，全年寿险实现保费收入9679.51亿元，健康险677.47亿元，人身意外伤害保险275.35亿元，同比分别增长29.80%、18.03%和19.69%。表2－2为2010年各月人身险保费收入情况。

五　养老保险业务

2010年，企业年金市场发展迅速，五大养老保险公司企业年金缴费、受托管理资产及投资管理资产总额分别为357.44亿元、1039.14亿元、708.96亿元，同比增速分别为

35.60%、46.77%、45.84%。企业年金缴费一项中，国寿养老仍占据养老年金市场第一位，缴费金额为173.61亿元，市场份额为48.57%。受托管理资产来看，国寿养老受托管理资产金额排在五家养老险公司的第一位，金额为318.95亿元，市场份额为30.69%。投资管理资产额方面，平安养老以54.23%的市场份额排在了第一位，金额为337亿元。

表2-2　2010年1~12月人身险保费收入增长情况

月份	人身险（亿元）	寿险（亿元）	占比（%）	健康险（亿元）	占比（%）	人身意外伤害（亿元）	占比（%）
1	1203.48	1110.44	92.77	67.34	5.60	25.71	2.14
2	2336.27	2197.62	93.64	109.50	4.69	39.15	1.68
3	3546.86	3291.81	92.81	184.55	5.20	70.50	1.99
4	4314.82	3982.93	92.32	236.07	5.47	95.36	2.21
5	5087.50	4682.93	92.05	286.30	5.63	118.28	2.32
6	5980.71	5470.55	91.47	364.22	6.09	145.94	2.44
7	6701.38	6126.50	91.42	408.70	6.10	166.17	2.48
8	7469.56	6827.59	91.41	455.09	60.9	186.88	2.50
9	8639.41	7625.30	91.11	525.50	6.28	218.87	2.62
10	9156.80	8343.74	91.12	574.59	6.28	238.47	2.60
11	9912.64	9031.20	91.11	623.85	6.29	257.58	2.60
12	10632.33	9679.51	91.04	677.47	6.37	275.35	2.59

资料来源：中国保险业监督管理委员会。

六　赔付、给付

2010年，保险市场共赔付3200.43亿元，同比增幅为2.40%，其中，财产险赔付1756.03亿元，同比增长11.44%，

而人身险赔付1444.40亿元，同比下降6.79%。在保费收入同比大幅增长的背景下，保险业赔付比进一步下降为19.98%。2010年保险业赔付支出是2002年的4.53倍（见图2-2）。

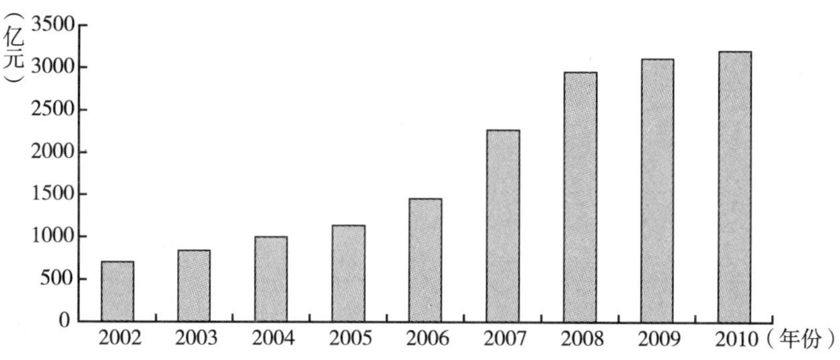

图2-2　2002~2010年赔付支出对比

资料来源：根据《中国保险年鉴》（2002~2010年）及中国保险监督管理委员会网站（http://www.circ.gov.cn）统计数据计算、整理得到。

如图2-3所示，赔款与给付支出变化趋势1月、3月、6月、12月为波峰，与保费收入的变化趋势呈正相关关系。

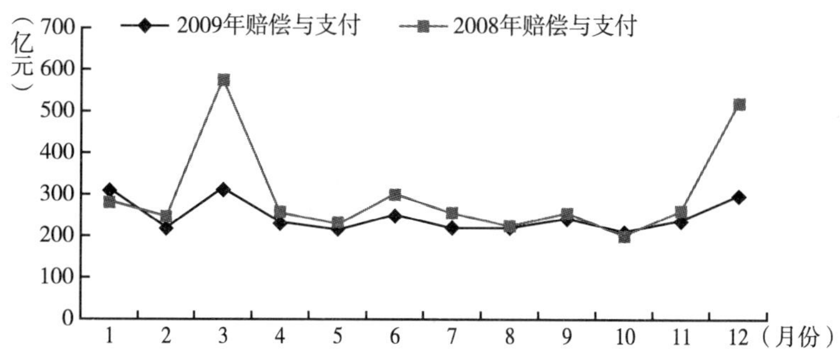

图2-3　2008~2009年月度赔偿和支付走势

资料来源：根据中国保险监督管理委员会网站（http://www.circ.gov.cn）统计数据整理得到。

七　资产运用状况

2010 年，保险业资产总额首次超过 5 万亿元，达到 50481.61 亿元，同比增长 24.23%。受资本市场低迷的影响，保险资金在操作上更为谨慎，银行存款额因而创出新高。数据显示，2010 年 10 月，保险业新增投资额高达 1011.45 亿元，环比增加 12.53%，而 11 月单月新增投资额回落到 227.06 亿元，12 月单月新增保险投资额也仅为 354.97 亿元。与之形成鲜明对比的是，10 月、11 月、12 月当月新增银行存款分别为 -9.26 亿元、-206.98 亿元、1055.94 亿元。

2010 年末，保险公司总资产规模共计 50481.61 亿元，较年初增加 40634.75 亿元，增长 24.23%，是 2002 年的 9.49 倍（见图 2-4）。

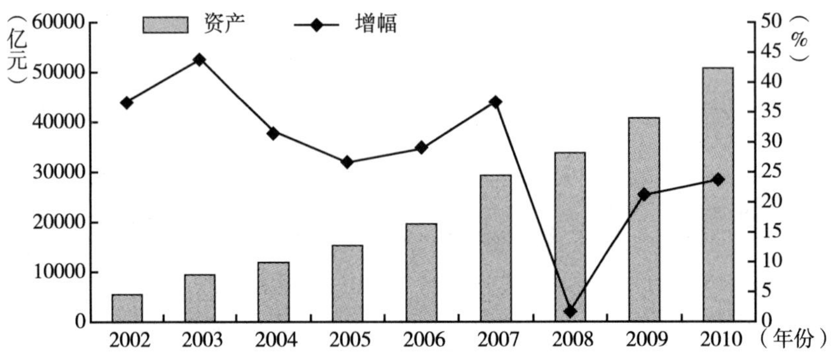

图 2-4　2002~2010 年总资产变化情况比较

资料来源：根据《中国保险年鉴》（2002~2010 年）及中国保险监督管理委员会网站（http://www.circ.gov.cn）统计数据计算、整理得到。

八　区域市场

2010 年，广东、江苏、北京三地在原保费收入区域排名中名列前三甲，三者实现的保费收入分别是 1231.76 亿元、1162.67 亿元、966.46 亿元，所占比重分别为 8.48%、8.00%、6.65%。与 2009 年相比，广东、江苏的市场份额有所下降，分别下降了 0.46 个和 0.15 个百分点，北京的市场份额上升了 0.39 个百分点。

由于同比增速的差异，各地区不仅占全国总保费收入的比重有所变化，而且甚至个别地区在全国的排名也发生了一些变动。其中，上海市由第 5 名升至第 4 名，河南省由第 8 名上升至第 6 名，辽宁省由第 13 名上升至第 11 名，深圳市由第 17 名上升至第 15 名，另外还有天津、广西、青岛，各上升一个名次。排名下降的则相对应地分别是山东省由第 4 名降至第 5 名，河北省由第 6 名降至第 8 名，安徽省由第 11 名降至第 13 名，黑龙江省由第 15 名降至第 17 名，新疆由第 24 名降至第 26 名，大连市由第 27 名降至第 28 名。

第二节　保险市场运行的基本特点

中国作为发展中国家，保险产业还处于发展的初级阶段，经济全球化的快速发展和国内经济体制改革深入推进，为保险市场发展注入了新的生机和活力，行业竞争力不断提高，保险公司业务结构不断优化，经营管理水平逐步提高，同时我国保险产业的国际地位明显提升。近年来，我国保险产业在争取政府推动和政策支持，以及在发展“三农”保险等方面的探索和实践受到国际保险界的关注，国际影响力不断扩大。我国保险产业在发展过程中有以下特点。

一　我国保险产业的市场份额在逐年增加，但是所占比例还是偏小

从总体来看，我国保险产业的国际市场份额与保险强国美国、英国、日本等国相比还是有一定差距的。我国保险产业2004～2010年的保费总收入分别为4318亿元、4932亿元、5640亿元、7036亿元、9784亿元、11137亿元、14528亿元，占世界比例不到5%。而美国一国的市场份额就占了全球的30%以上，英、日等国所占份额也在10%左右，保险产业的格局仍未改变，仍然是发达国家占绝对的统治地位。虽然近年来，在美、日、英等保险强国的国际市场份额有所下降的情况下，我国的国际市场份额不断上升，但由于我国保险产业的基数太小，在绝对量上绝对无法与美国、英国、日本这些保险强国相比，但也正因如此，我国保险产业有很大的发展空间，存在巨大的发展潜力。

二　我国保险产业的保险深度和保险密度水平不断提高

2010年我国保险产业的保险密度为108.4美元，是2004年40.2美元的2倍多；从2004年世界平均水平的1/13发展

到2010年世界平均水平的1/3。我国保险产业的保险深度从2004年世界平均水平的1/2发展到2010年将近与世界平均水平持平。表2-3为我国保险产业2004~2010年的保险深度与保险密度情况。

表2-3　2004~2010年我国保险深度与保险密度

年份	中国保险密度（美元）	中国保险深度（%）	年份	中国保险密度（美元）	中国保险深度（%）
2004	40.2	3.26	2008	73.3	3.30
2005	46.3	—	2009	83.4	3.32
2007	69.6	2.90	2010	108.4	3.65

注：保险深度=保费收入/GDP总额，保险密度=保费收入/人口总数。

资料来源：根据《中国保险年鉴》历年数据整理所得。

由表2-3可知，我国保险产业的保险密度和保险深度水平是在稳步提高的，而且不断与世界平均水平拉近距离，但从数值上看都是远低于世界平均水平的。

三　我国保险产业的资金规模不断扩大

我国保险产业的总资产、保费收入、资金运用余额在2001~2010年这10年间都有了很大的提高。图2-5为2001~2009年我国保险产业的保费收入、总资产和资金运用余额情况。

近年来，我国保险产业得到了快速的发展。保险资产规模从2000年的3374亿元增加到2011年的50481.61亿元。保险

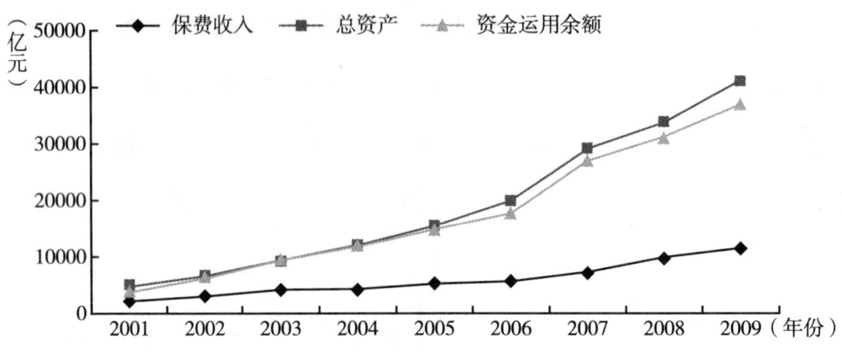

图 2-5　我国保险产业资金规模

资料来源：由《中国保险年鉴》历年整理计算得到。

资产占金融资产比重逐年提升。2010 年可运用资金总额再创新高，达 32136.65 万亿元。近 10 年来，保费收入连续保持高速增长，尤其是占市场规模超过七成的寿险公司，在进行大规模结构性调整的同时，仍保持了较高增速。但从横向比较的话，我国保险公司的整体情况处于劣势。

四　我国保险产业的赢利能力不高

我国保险产业的投资收益率相对来说是较低的，2000～2005 年我国保险资金运用的综合收益率分别为 4.1%、4.3%、3.14%、2.68%、2.87%、3.6%，而同期发达国家保险产业的保险资金平均收益率大都在 6% 以上。2006 年和 2007 年我国适时拓宽了保险资金运用渠道，使 2006 年投资收益率上升为 5.8%，2007 年的投资收益率达到创纪录的 10.9%，2008 年由于金融危机和特大自然灾害的冲击，使我国保险资金的投资收益率达到 10 年来最低水平——1.91%。保险资金的赢利能力较低，主要是由于我国保险资金运用渠道有限，我国保险产业发展时间不长，保险公司的主要力量集中在承保业务上，保险资金运用长期处于从属地位，没有得到足够重视；加上我国金融环境不成熟，投资渠道有限，致使我国保险资金收益率一直很低。

B.3

我国保险产业安全现状

第一节 保险产业安全问题

一 保险投资风险引发的安全隐患

受投资市场深度调整的影响，2010 年第一季度的保险资金平均收益率仅有 1.52%，已经低于《保险公司偿付能力额度及监管指标规定》中提出的 3% 的资金年收益率底线。截至 2010 年 4 月末，在保险资金运用余额中，银行存款 1460.26 亿元，较 3 月份减少 134.48 亿元；债券 20500.15 亿元，股票 3973.8 亿元[①]。从平均收益率的下降以及保险投资工具的配比可以看出，保险投资存在一定的安全隐患，尤其是现有保险投资工具存在着诸多问题。

（一）银行存款

由于经济发展的周期性和业务的长期性，市场利率的长期平均水平会直接制约险种的预定利率水平。在我国寿险公

---

① 《截至 2010 年 4 月末我国保险公司资金平均收益 1.52%》，2010 年 5 月 21 日，http：//www.drcnet.com.cn/drcnet.common.web/DocViewSummary.aspx？docid = 2233974&chnid = 1036&leafid = 4178&gourl = /drcnet.common.web/DocView.aspx。

司的资金运用中，银行存款是占首位的资产，利率的频繁变动，不仅影响其投资，而且对整个业务经营都产生了极大的影响。由于寿险保单有向客户承诺的预定利率，这个预定利率是保险基金投资的最低收益要求，否则寿险公司将会面临偿付能力风险。在我国，银行利率不等于市场利率，更不等于保险基金的投资回报率。把大量保险基金存入银行难以保值，更谈不上增值。

（二）债券

保险投资的债券包括国库券、金融债券、中央企业发行的债券以及企业债券。国库券因为其高度安全性符合保险基金投资运用的首要原则，成为保险债券投资的首选目标，但是由于政府发行的债券大多为 3～5 年期的债券，没有为寿险公司发行长期的特种债券，所以在整个取息期间，每种债券至少有一年的利率低于通货膨胀率，加上我国近期存在着严重的通货膨胀的风险，投资国债也不能保证保险公司可以完全避免通货膨胀的冲击。而金融债券的期限结构基本上属于中短期，与寿险公司的负债长期性不匹配，金融债券的投资额度也很有限。

（三）证券投资基金

证券投资基金本身存在的问题，弱化了保险资金获取投资收益和控制风险的能力。一方面我国资本市场发展的不健全阻碍了基金进入更广泛的投资领域，另一方面基金管理人对投资决策的随意性也从根本上阻碍了投资的多样化，投资基金内部组织结构的松散在很大程度上加大了投资风险。投资手段单一的证券投资基金并不具备规避利率风险和通胀风险的能力，不能从根本上缓解保险资金增值的压力，甚至有可能给保险资金造成巨大的损失。

二　保险公司偿付能力不足问题

偿付能力不足问题对于保险业来说是至关重要的。偿付能力不足问题的存在是由保险业自身的行业属性所决定的，源于保险双方权利义务在时间上的不对称性，即保险企业先获得收取保险费的权利，在未来约定保险事件发生后承担赔偿或给付保险金的义务；而投保人先履行缴纳保险费的义务，在将来才能享受获得赔偿或给付保险金的权利。因此，一旦保险公司偿付能力不足甚至破产，而大部分保险合同尚未到期，投保人将失去保险保障，蒙受经济损失。

得益于费率管制等政策扶持、保险公司上市与机构投资者的引进，以及近年来投资收益的连年递增等诸多因素，我国保险业目前的偿付能力较为充足，但是部分保险公司连年亏损，偿付能力难以得到根本改善，抗风险能力差。究其内在原因无非是保险公司的发展模式粗放、产品结构不合理、公司赢利能力不强。偿付能力是一个动态概念，受制于承保和投资等诸多环节。另外，偿付环节的风险还表现为保险诈骗频繁发生，以及现有偿付监管不力带来的监管风险。

三　诚信问题对保险业产生的安全隐患

诚信对保险业的发展与安全有着至关重要的作用和非同寻

常的意义，不仅保险公司要讲诚信原则，投保人、被保险人以及保险中介都要遵守诚信原则。

（一）保险公司的诚信问题

缺乏诚信的保险公司以追求保费收入为目的，刻意隐瞒义务中的重要信用或误导消费者购买保险产品。刻意隐瞒与保险公司合同有关的对投保人和被保险人不利的重要信息，最终会导致保险公司和投保人蒙受一定的经济损失，也会使保险业的形象受损。中国目前的保险深度和保险密度都远低于世界平均水平，保险业的发展在我国还处于初级阶段，大多数人购买的是具有保障功能的保险产品。保险公司若只为了利润在投保人不具备基本保障时就极力诱导他们购买投资型产品，就是极大的不诚信。

此外，近年来多次出现的保险会计诚信缺失问题、内部员工勾结泄露信息问题、不及时履行赔付义务问题都是保险企业缺乏诚信建设的体现。

（二）投保人、被保险人的诚信问题

一些具有投机心理的客户利用社会对弱势群体的舆论倾向，采取欺诈的手段来骗取保险金。违反告知义务、带病投保、未发生保险事故而谎称发生保险事故、“倒签单”、冒名顶替骗取保险金、故意制造保险事故等行为同样扰乱了保险市场的正常运作，有极大的危害性。

（三）保险中介机构的诚信问题

保险市场是一个严重信息不对称的市场，而在信息不对称的地方，委托代理问题尤为突出。保险中介机构为追求自身利

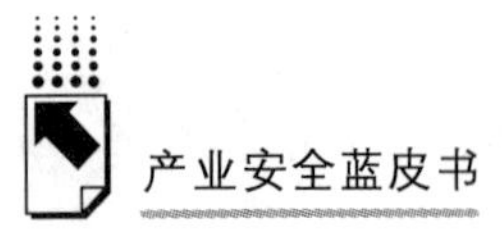

益也难免利用不对称性做出一些有违诚信的行为。有些保险代理人欺骗或挪用投保人的保险金、私自收取高手续费、与客户勾结骗取保险公司的赔付、误导消费者签单，有些保险经纪人通过操纵报价让客户购买了价格高的保险产品并从保险公司手中获取额外的佣金，而有些保险公估人则违背职业道德，制作假赔案、出具虚假的公估报告。

上述诚信问题不仅直接影响保险公司的经济效益和服务效率，引起不必要的法律纠纷，耗费无谓的人力物力财力，更会影响保险公司的生存发展，妨碍保险功能的正常发挥，甚至会增添新的社会不稳定因素。

四　自然灾害频发加重保险业负担

近几年我国自然灾害频繁发生，自然灾害给灾区人民的生命财产造成重大损失，同时也加重了保险公司的负担。2010年保险业必须时刻准备着面对由全球气候变化所致的新的巨灾损失。2008 年汶川地震后，保险公司相继推出了重大自然灾害保险，以承担地震、海啸、滑坡、泥石流等在我国发生率较高的自然灾害引起的被保险人死亡或残疾的责任。2010 年的青海玉树 7.1 级地震和南方连续暴雨洪灾的袭击再次让人们感受到自然灾害的不可抗拒。玉树地震发生后，各保险公司都在第一时间采取行动，先行赔付服务受灾地区。在玉树地震后一个工作日内，中国平安完成业内首笔赔付，旗下平安产险向地震中受损的客户——中国农业发展银行预付赔款 50 万元。同时，平安寿险已完成对遇难客户因地震身故的保险责任认定，

对个人的理赔金额达到17万元。中国人寿、中国人保也在玉树灾区承保了车险、财产险、责任险、意外险等多个业务险种，地震发生后也接到多起报案。

但是保险赔付在直接经济损失中的占比仍然不高，这一现象使保险业面临尴尬处境，当然这与保险公司不敢承保巨灾险、巨灾险费率高、保险业的低覆盖率、巨灾保险制度的不健全直接相关。

五 2010年后金融危机时代中国保险业面临的问题

2009年，中国经济逐步回暖，保险业发展也好于预期。但是金融危机仍然给中国保险业的改革发展带来严峻挑战。经济增速放缓给保险业带来不小的压力。金融市场剧烈的波动，为保险业的资产充足、管理与防范风险带来较大的压力。利率周期的波动，增加了资产匹配环节的挑战，给资产负债匹配带来了难度，加大了风险。此外，保险产品定价风险也在加大。金融危机爆发以后国际市场信用环节出现了一定程度的恶化，有不少毁约的情况，导致出口保险市场受到很大的影响。

（一）复杂多变的国际形势使出口信用保险面临的风险增加

出口信用保险是国际上公认的支持出口、防范收汇风险的有效手段和通行做法，在推动出口贸易发展，通过扩大出口带动就业和经济发展方面发挥着独特的作用。出口信用保险是外贸政策的重要组成部分，应当为稳定对外贸易发展、优化对外

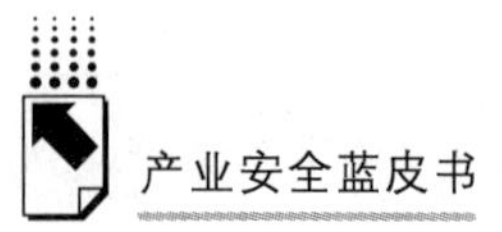

贸易结构、促进贸易大国向贸易强国的转变作出更大贡献。随着我国经济与世界经济融合的愈加紧密，我国保险业在日益成熟的市场环境下也迅速崛起，成为全球保险市场中的活跃主体。而在激烈的国际市场经济环境中，我国保险业面临的市场环境也更为严峻。

当前，世界经济复苏基础还不稳固，对外贸易面临的压力有增无减，外贸运行还存在诸多变数，形势远比预期的复杂。一是外需不足是突出问题。当前，美国失业率仍徘徊在10%左右，欧洲主权债务危机的影响短期内难以消除，外需回升还有待时日。目前国外下单多为补充库存，多以短单为主，外贸持续增长的压力倍增。二是出口成本持续快速上涨。2010年以来，大宗商品、水电等价格大幅攀升，一些主要原辅材料价格陆续上涨。而劳动力成本也大幅上涨，大大增加了企业用工成本。同时，由于信贷收紧，银行对中小外贸企业惜贷、慎贷，贷款利率普遍有所上浮，企业财务费用明显增长。三是贸易摩擦形势更为严峻。受金融危机影响，各国保护国内市场、争夺国际市场的进展日趋激烈，贸易投资保护主义不断抬头，针对我国的贸易摩擦将日益增加。同时，各种形式的贸易保护主义层出不穷，增加了贸易摩擦的复杂性。四是出口竞争面临更大压力。我国出口既面临发展中国家的竞争，也面临发达国家的竞争。新兴市场国家进一步加大了出口扶持力度，巴西等国扩大出口税收优惠，鼓励小企业进一步拓展出口业务。发达国家采取了更为激进的外贸促进政策，美国已提出国家出口倡议，成立“出口促进内阁”，力争5年内

出口翻番，并出台增加中小企业融资，消除国外市场准入壁垒等一系列支持出口政策的措施。我国出口面临双重压力，竞争将更为激烈。

（二）人民币升值压力加大汇率风险，汇率改革考验保险企业的投资能力

贸易摩擦在某种程度上已经发展成为各国寻求经济、政治利益的博弈工具。以美国为例，在贸易问题上频频发难，最直接的目的是希望借此来降低中国的贸易顺差，迫使人民币大幅升值。近年来，受人民币升值影响，中国人寿和中国平安外币资产也在遭受汇率风险。在人民币持续升值的背景下，2005年，中国人寿的汇兑损失为6.34亿元，中国平安则为4.08亿元。2009年由于汇率走势较为平稳，中国人寿这一数据下降为0.28亿元，但2010年中国人寿的汇兑损失就迅速增长到3.92亿元，同比增长1300%[①]。而中国平安则受富通投资一役影响，2008年的汇兑损失高达4.65亿元，2009年该数据有所缓和，2010年平安的净汇兑损失达到1.04亿元[②]，较2009年同比增长511.76%。

央行发布的进一步推进人民币汇率改革的消息，使三大保险股走出一波上升行情。例如，中国人寿保险股份有限公司

① 《中国人寿保险股份有限公司2010年年度报告》，2011-03-23，http://money.finance.sina.com.cn/corp/view/vCB_AllBulletin Detail.php?stockid=601628&id=679635。

② 《中国平安保险股份有限公司2010年年度报告摘要》，2011-03-30，http://money.finance.sina.com.cn/corp/view/vCB_AllBulletin Detail.php?stockid=601318&id=687219。

（以下简称“中国人寿”）、中国平安保险股份有限公司（以下简称“中国平安”）和中国太平洋保险股份有限公司（以下简称“中国太保”）在A股市场已分别下跌了15.1%、25.1%和17.8%，而同期沪深300指数仅下跌了11.6%[①]。中国人寿、中国平安和中国太保都拥有数额不等的外币资产。汇价的波动，也不可避免地对这些外币资产造成不同程度的影响。三只保险股中，如以外币资产规模而论，当时中国人寿最多，约270亿元人民币，中国平安最少，约197亿元人民币。但以占比来看，则是中国太保外币资产占比最高，为6.43%（约235亿元人民币），中国人寿外币资产占比最少，仅2.3%，而中国平安居中，外汇资产占比3.34%。在人民币升值压力下，资本市场持续震荡，投资环境日趋复杂，资产配置的难度加大。特别是随着人民币升值，保险公司持有的外币资产面临着缩水危机。

第二节 保险产业的风险管理

一 风险管理存在一系列问题

保险企业把风险管理作为企业核心竞争力的理念还没有真正形成，风险管理还没有完全贯穿于保险企业管理的全过程，

① 《汇改重启考研险企投资能力 外币资产缩水》，2010-06-23，http://www.amoney.com.cn/cms.php?prog=show&tid=370852。

保险经营上还是以领导决策型和财务控制型为主。部分保险公司决策在相当程度上还缺乏风险管理的理念，保险的粗放型经营，尤其是以保费收入的增长速度和市场份额作为考核指标的决策思路在目前的保险发展中仍起着重要作用。保险风险管理技术水平低，主要是缺乏掌握风险控制技术的专业技术人员，再加上风险评估、保险信用评级缺乏有效和量化的评定标准，对承保后保险标的风险控制的技术和能力有一定的限制。在保险监管方面，主要还处于事后监管阶段。监管工作缺乏主动性和前瞻性，监管重点仍在费率和手续费率等具体问题上，对关系保险公司偿付能力、风险资本比率、再保险安排、资产配置等内容的监管力度还不够。

二　对隐形风险管理缺乏应有的认识

首先，保险公司在业务发展导向上，过去注重规模和速度，强调业务增长量和增长速度，忽视业务的质量和结构。由于我国保险公司分支机构的设立主要是根据保费收入的增加额为依据的，保险法规和保险监管部门对保费地位的过分强调在一定程度上导致保险公司把对保费的追逐作为主要经营目标。保险分支机构在实际经营中，重业务发展，轻管理和效益。在保险市场竞争中，在保险费率上进行自杀式竞争，盲目承保和劣质承保并存；在保险险种开发上，以占取市场份额作为主要手段，对保险产品风险的管理控制重视不足。其次，在保险发展导向上，存在着对发展战略的长远性认识不够、公众对保险的信任度不强、保险中介经营混乱等问题。

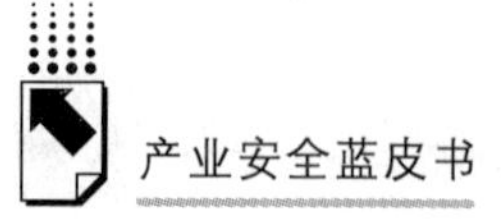

三　忽视外生风险的管理

在保险全面对外开放的背景下，部分保险公司对我国保险企业内在的体制和机制造成的风险重视不够，对各种保险进行管理和研究不全面、不透彻，部分保险公司较为重视公司内部风险管理，而对保险同业之间的不规范和无序竞争所导致的风险重视不够。保险行业协会由于缺乏强有力的制裁手段，自律作用相当有限。保险监管机构和保险公司对保险中介组织的风险管理力度不够，保险中介作为外生的主要风险管理者，与保险公司规范经营之间的矛盾十分突出，急需采取措施防范风险的扩大和蔓延。

四　风险管理决策缺乏数据和信息的支撑

保险经营时在大量可保风险前提下运用大数法则对可保风险进行分散，各类风险数据、损失数据是保险经营的数理基础，在相当程度上也可以说，风险数据、损失数据是保险经营的十分可贵的稀缺资源。保险经营依据这些保险资源从事保险展业，通过展业扩充丰富这类资源，提高保险经营水平和展业范围。因此，在理论和实践中都要求保险公司建立一个完整的信息系统对这类保险资源进行保护、开发和利用。而多数保险公司的有效的风险信息和数据系统由于体制机制等多种原因处于不系统、不准确的状态，保险公司之间以及保险公司与政府管理机构之间缺乏损失数据交换的平台和渠道，甚至相互封锁，可能导致道德风险和逆向选择的增

加，这将可能导致保险经营决策严重失误，可能会给部分保险公司的分支机构带来很大的经营风险，影响保险公司的经营。

五　风险管理人才的严重匮乏

我国风险管理理论和技术发展滞后，风险管理人才严重匮乏已是一个不争的事实。真正具有保险风险管理知识和掌握现代风险管理技能的人才很少，即使有，也由于所处地位较低和受长期形成的领导决策的习惯势力的影响而很难发挥作用。

第三节　保险产业的资金运用

保险资金运用作为保险公司重要的经营内容之一，已成为保险公司核心竞争力的体现，可以说没有投资就没有保险业。通常来讲，保险公司的投资和承保是保险公司经营的两大支柱，但是，从保险公司的利润来源来看，投资收益越来越占据重要的地位，保险资金运用已经成为保险企业经营的重要方面。

不同的国家由于所处的经济阶段不同、经济市场不同、发展方式不同，表现出来的保险资金运用状况也大不相同。因此，应通过比较不同国家之间的资金运用模式，从中吸取借鉴有益的部分，来提升促进我国保险产业的发展。此外，通过比较还可以发现保险资金运用的长期趋势和发展方向，从而可以

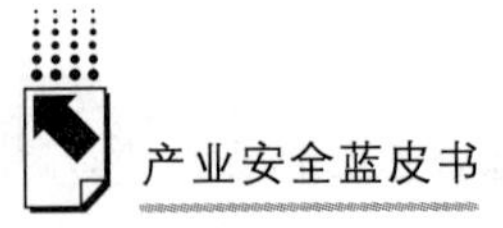

更好地引导和发展保险业。

我国的保险资金运用虽然起步较晚，但发展比较迅速，取得了一定的成绩。2004 年以来，我国保险公司的资金运用余额保持了较高的持续发展速度，2004 年资金运用余额为 1.0779 万亿元，2010 年就已经上升到 5.04816 万亿元，上升了 368.33%，平均年增长率为 49.99%，远远高于国民经济增长速度。除了投资规模总量指标以外，投资组合比例在保险业的经营发展中也起着重要的作用，我国保险资金投资组合如图 3－1所示。

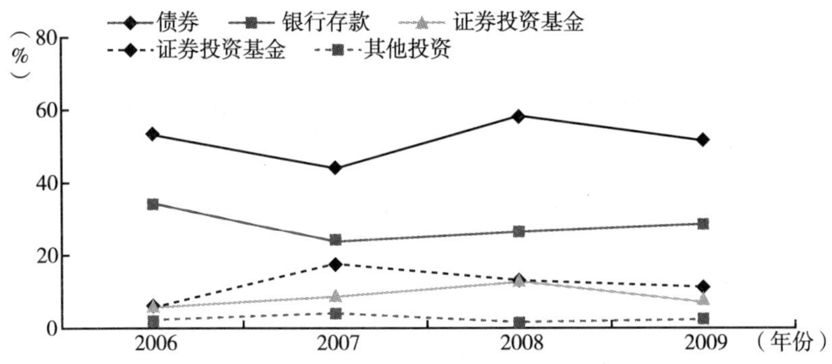

图 3－1　2006～2009 年我国保险资金投资组合情况

注：资料来源于中国保险学会网：《2006～2008 年我国保险资金结构运用表》，（2009－08－31），http：//www.iic.org.cn/D_ newsDT/newsDT_ read.php?id＝13426。其中 2008 年数据取自中国保险学会网站。

资料来源：根据《中国保险年鉴》（2007～2010 年）整理得到。

2004 年银行存款的比例为 47.05%，几乎占据了资金总额的一半。2007 年，银行存款占比达到最低点 24.41%，2008 年和 2009 年虽又出现了轻微的上升趋势，但是要达到 2004 年时

的水平是不可能的。

2005年3月，保险资金投资债券的比例为48.56%，第一次高出银行存款占比，虽仅有5.94个百分点，却实现了历史性的跨越，向着与保险资金性质吻合、与国际接轨的以债券投资为主的方向发展。自此债券一直稳居首位，且保持50%左右的占比。2009年虽有轻微下降，但是总体上趋于稳定。

从2004年保监会规定保险资金可以投资于证券投资基金以来，证券投资基金的发展波动性较大，在7%上下浮动，但根据最低点的比例来看，长期趋势是上涨的。

我国保险资金运用组合的比例变化是符合保险行业长期的发展趋势的，也表明了我国保险资金运用中法律法规的成熟和完善，为提高我国保险行业在国际中的竞争地位发挥了重要的作用，逐步实现把我国保险业做大做强的目标。

由于我国保险资金运用起步较晚，而又主要投资于一些风险和收益较低的有价证券，使得我国的保险资金投资收益率还处于相对偏低的位置。2002~2004年我国保险投资收益率均在4%以下，表明资金运用效率不高，降低了保险公司的赢利水平，制约了保险公司的发展能力。2007年保险公司资金运用得到快速发展，共实现投资收益2791.7亿元，投资收益率为12.17%①，资金运用收益超过前5年的总和，

① 《2007年保险资金运用平均收益率达12%》，2009－07－17，http：//zg.china－b.com/bxcyks/hyzx/20090717/154920_ 1.html。

投资收益率为历史最高水平，具体如图 3－2 所示。2007 年保险投资的高收益，很大程度上取决于资本市场的良好表现。

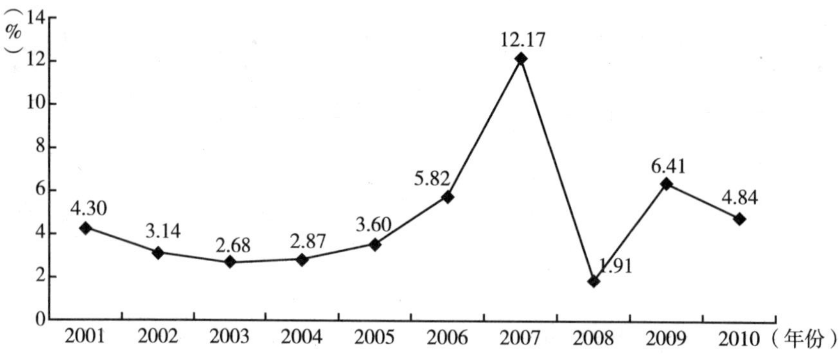

图 3－2　我国保险公司资金运用收益率

注：《前两月保险资金年收益率仅 4.56%》，2011－03－27，http：//money.163.com/11/0327/14/705JHI0600253B0H.html。其中 2010 年的资料来源于网易财经网站。

资料来源：根据《中国保险年鉴》（2000～2010）整理得到。

2008 年，保险公司共实现资金运用收益 529.87 亿元，资金运用平均收益率为 1.91%，较 2007 年下降了不少。且各个相关投资子项目的投资收益率分别是：银行存款为 3.85%，债券为 4.68%，贷款为 5.55%，投资性房地产为 3.90%，证券投资基金为－8.52%，股票（股权）为－9.88%。可以看出 2008 年保险资金运用收益主要来源于银行存款、债券等收益率相对稳定的资金投资渠道，充分体现了保险资金运用的稳健性和安全性。2009 年我国保险业共实现投资收益 2141.7 亿元，收益率为 6.41%，比上年提高 4.5 个百分点，其中共有

22家保险公司的资金运用收益超过8%。2010年全年保险投资收益率较2009年下降了1.57个百分点，同时中国人寿、中国太保、中国平安三大巨头总投资收益率分别为5.11%、5.3%、4.9%，均比2009年出现了一定程度的下降。

保险产业的利润来源主要来自两个方面：一方面来源于主营业务收入也就是承保收益，另一方面就是保险资金投资收益。“入世”以后，随着我国保险主体数量的激增导致市场竞争十分激烈，为了在保险市场占据一定的市场份额，内外保险公司就只有不断压低保险费率，依靠价格优势来吸引客户投保。保险费率的下降，使保险公司的承保利润下降甚至亏损，因此只有通过保险资金投资收益来弥补由于承保而带来的损失。依靠保险资金运用来进行和维持保险产业的发展已经是每个保险公司的重要选择，这样一来，保险资金运用就显得尤为重要。我国的投资收益率在2005年以前都很低，都在4%左右，保险产业投资收益率的偏低极大地影响了我国保险公司的赢利能力和抵御风险的能力，保险公司的利润主要来源仍是传统的承保业务。但随着我国保险市场的进一步对外开放，要想保险行业中占据控制地位，就必须提高我国的保险资金运用效率。否则的话，保险公司要想生存，就只能依靠高保费收入来维持，相对于其他投资收益率高的外资保险公司，就会缺少价格上的优势，不利于市场的开拓和新产品的开发，影响我国保险产业竞争力的提高，危及我国保险产业的安全性。

2006年我国保险利润总额为96.13亿元，而同年的保险投资收益为955亿元，为利润总额的10倍。2007年由于投资市场的繁荣，我国保险投资收益率为12.17%，创历史最高。同年，我国的投资收益对行业利润的贡献率为415%，这也说明了我国保险资金运用对保险产业的赢利能力和发展能力越来越发挥着关键的作用。在一些保险业比较发达的国家，如美国、日本、英国和瑞士等国家，1975～1992年承保盈亏率（即承保盈亏和保费收入之比）都是很低的，甚至一些国家是负的，而同一时期相应的投资收益率却分别为14.44%、8.48%、8.72%、13.01%、13.29%和11.55%（见表3－1）。可见，投资收益在十几年前就已经成为发达国家保险业的主要赢利来源，成为保险公司生存和发展的基础。

表3－1　1975～1992年六国承保盈亏率和投资收益率平均水平

	美国	日本	德国	法国	英国	瑞士
承保盈亏率	－8.2	0.33	0.51	－11.62	－8.72	－8.48
投资收益率	14.44	8.48	8.72	13.01	13.29	11.55

资料来源：李晚冬：《浅谈中国保险资金的运用》，《大众商务》2009年第7期。

一　保险资金运用对保险产业控制力的影响

从1992年起，保险产业进入对外开放的试点时期，开放试点城市为上海和广州，外资保险公司依靠自身先进的经验和管理方法使业务得到了较快的发展，保费收入从1992年的29.5万元增加到2001年的32.8亿元。从2001年底开始为我国保险业对外开放的加速时期，这一时期外资公司数量增加

较快，经营范围不断扩大，业务增长迅速。2004 年，在对外开放较早的上海和广州，外资保险公司的市场份额已经分别达到 15.3% 和 8.2%。2005 年以后我国保险业进入全面对外开放的时期。2009 年，全国共有 15 个国家和地区的 52 家保险公司在华设立 227 个营利性机构；同时外资财险保险公司原保险保费收入为 31.75 亿元，占全部财险保费收入的 1.06%，占全国保费收入的 0.29%；外资寿险公司原保险保费收入为 426.27 亿元，占 2009 年全部寿险业保费收入的 5%，在全国保费收入中占比 3.83%。虽然，上述数据显示，外资公司在华市场占有率比较低，但是这也意味着还有很大的发展空间。

保险资金运用作为保险公司最重要的利润来源，而利润又是保险产业积累资本能力不可缺少的一环。对保险公司来说，保险资本是保证保险公司扩展业务，增设分机机构的需要。对我国保险公司来讲，保险投资收益的提高，可以提高我国保险产业的资本积累能力，从而可以更好地开拓市场和开发新产品，赢取更多的市场份额；市场份额的扩大相应带来保险可运用资金规模的增大，实现良性的资本运作循环，从而可以更快更好地增强保险产业的控制能力，维护我国的保险产业安全。

通过分析我国保险投资收益率、保险总资产增长率和保费收入增长率（结果如图 3－3 所示），可以看出，三者的变动幅度基本上是一致的。简单来说，高投资收益率就会带来高的资产增长率，较高的投资收益率会带来利润的增加，利润的增

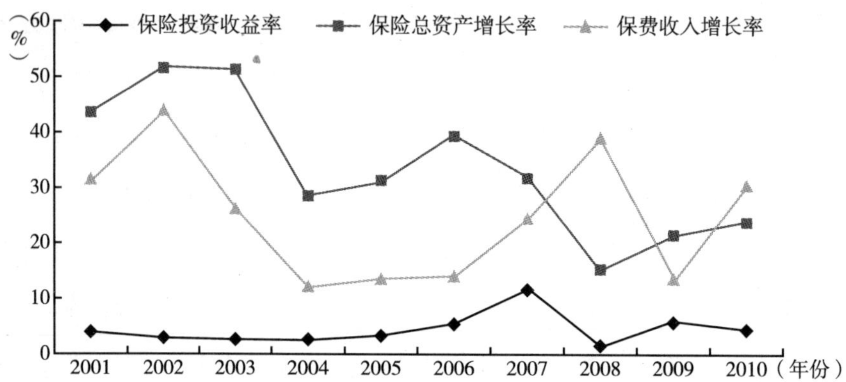

图3-3　2001~2010年保险投资收益率、保险总资产增长率和保费收入增长率情况

资料来源：根据《中国保险年鉴》以及中国保险监督管理委员会网站整理、计算得到。

加使得保险公司的总资产增加，总资产的增加又进一步增强了保险公司的抗风险能力和开拓新市场的能力，开拓新市场的能力上升自然而然地带来保费收入的上升和市场份额的增加，这也说明了保费收入的增长率相对于总资产的增长率是延后的，不是同步进行的。由此可以看出，要想维护我国保险产业的安全，增强保险产业控制力，增强保险投资收益效率是必不可少的。

从表3-2中可以看出，我国保险产业中中资总资产占有率即资产控制率一直在95%左右，处于绝对的控制地位，但是却表现出明显的下降倾向，而我国虽然在资本控制力上占有绝对的优势，但是市场结构极其不合理。以寿险为例，单就国寿股份市场份额就占了1/3以上，不管是在寿险还是财险上，都是由几家大的公司支持着整个市场的份额，这就存在很多不

稳定的因素。外资总资产占有率正在逐步扩大，而随着我国保险产业的全面对外开放，外资保险公司的经营范围也在不断扩大，再加上政策的引导和本身的优势，一旦外资公司完全适应了中国的市场环境，外资保险公司的资本控制率将会进一步加强。

表 3－2　我国保险产业中中资总资产占有率

年份	2004	2005	2006	2007	2008	2009
资产占有率(%)	96.54	95.69	95.62	95.46	95.44	94.95

资料来源：根据《中国保险年鉴》和中国保险监督管理委员会网站整理得到。

二　保险资金运用对保险产业生产和需求要素的影响

生产要素是指一个国家在特定产业竞争中有关生产方面的表现，如人工素质的差异或基础设施的完备程度。人工素质简单来说可以用受教育年限来衡量，而平均受教育年限又与一国经济的发展状况密切相关。需求条件是指本国市场对该项产业所提供的产品或服务的需求如何。对保险产业来说，需求条件是指人们对于保险公司所提供的产品和服务的需求情况，影响其需求的主要原因有可支配收入和对保险行业的认识程度。

从保险业的性质看，作为风险转移服务的提供者，保险产业无论对微观个体还是对宏观经济，都可以起到平滑经济周期和降低经济危机影响的作用。此外，作为金融市场的参与者，保险产业的存在提高了金融体系内部的竞争，使得消费者可以通过投资组合的方式降低平均风险。而保险资金运用作为保险业最关键的一环，其对一国经济的发展具有明显的促进作用，在短期，保险投资资金的增长对经济增长的影响比较明显，但存在着波动；在长期，保险投资资金的增长对经济增长存在稳定的促进作用。因此，针对保险资金投资与经济增长的显著性关系，应充分重视保险资金运用，在保证保险公司具有充足的偿付能力和保险资金安全性的前提下，增加保险资金运用的效率。通过提高保险资金运用的效率，促进我国经济增长，以此促进我国人均可支配收入以及完善教育设施，提高对保险产业的需求和人口总体的基本素质。从而根据波特的“钻石模型”，可以增强我国保险产业的竞争力，维护保险产业的安全。

三　保险资金运用对保险相关产业的影响

保险中介是随着保险产业内部分工和保险专业化发展而产生的，是现代保险市场不可缺少的组成部分，与保险公司同属于保险市场的主体。保险中介机构利用自身的高智能、高技术为保险公司和投保人提供专业化的服务。这不仅可以提高保险产业的交易效率，而且带来了过硬的专业技术，推动保险产业向广度和深度发展。保险资金的运用可以提高保险公司的赢利能力，从而对保险中介来说，在收入方面也更为可观，能满足保险中介投入相关业务的成本需要，从而使保险中介更有积极性参与保险业务合作的建立与发展，更好地开拓保险业务。

此外，银行业和证券业也是与保险相关的两个重要行业，可以说在一定程度上是此消彼长的关系，而最近为了防范市场通货膨胀，央行一再加息，使得大批的资金流向银行业。而保险投资收益的提高，会使得保险公司即便是在高利息率的条件下仍有一定的竞争力来吸引资金的流入，从而进一步增强保险行业的竞争力。

B.4
保险产业安全的影响因素

保险产业只有建立在一定规模且能够持续增长的市场需求的基础上，才能够获得自身不断的发展，因此保险产业需求情况在很大程度上影响保险产业的竞争力水平。很多因素会不同程度地对保险产品的需求量产生影响，进而影响保险产业的竞争力。本章重点分析经济增长、人口结构、产业结构、经济增长方式和城镇化水平对保险需求的影响。

第一节　经济增长因素

一　经济增长对保险需求的影响

经济增长在扩大经济规模的同时，一方面会诱发可保风险规模的扩张，从而为保险产业发展创造潜在需求；另一方面也会促进投保人可支配收入的增长，从而为潜在保险需求向实现保险需求的转化奠定支付能力基础。因此，经济增长会直接促进保险产业的发展，构成保险产业发展的原动力（肖文、谢文武，2000）。

经济总量的扩张在绝对量上表现为一国 GDP 的增长，在相对量上表现为人均 GDP 的上升，经济增长对保险产业的发

展有很大的影响。2001～2010 年我国 GDP、人均 GDP 和保费收入见表 4－1。

为了验证该观点，这里用 2001～2010 年我国 GDP 和人均 GDP 作为解释变量，分别对保费收入进行回归分析，得出如下回归方程：

$$
\begin{aligned}
\text{保费收入} &= -1708.917 + 0.037 \times GDP \\
&\quad (-3.715) \quad (17.374) \qquad (4-1) \\
R^2 &= 0.977 \quad F = 301.856
\end{aligned}
$$

表 4－1　2001～2010 年中国 GDP 与保费收入情况

年份	GDP(亿元)	人均 GDP(元)	保费收入(亿元)	保险深度
2001	109655.2	8622	2112.3	2.20
2002	120332.7	9398	3053.1	3.00
2003	135822.8	10542	3880.4	3.33
2004	159878.3	12336	4318.1	3.40
2005	183217.4	14053	4928.4	2.70
2006	211923.5	16165	5640.15	2.80
2007	257305.6	19524	7036.2	2.85
2008	300670.0	22698	9784.2	3.25
2009	335353.0	23032	11137.3	3.32
2010	397983.0	29762	14528.0	3.65

资料来源：2001～2010 年 GDP 数据来自《中国统计年鉴》。

$$
\begin{aligned}
\text{保费收入} &= -2340.121 + 0.535 \times \text{人均}\,GDP \\
&\quad (-3.241) \quad (11.873) \qquad (4-2) \\
R^2 &= 0.953 \quad F = 140.964
\end{aligned}
$$

由上述分析可知，回归方程（4－1）、（4－2）拟合优度

非常好，且所有参数都是充分有效的，相关系数 $R=0.989$ 和 $R=0.976$ 都大于 0.85，说明保费收入与 GDP 和人均 GDP 之间相关度都非常高。且通过显著性检验 $|t|>t_{0.025}(7)=2.365$，$F>F_{0.01}(1,8)=11.26$，说明保费收入与 GDP 和人均 GDP 之间存在显著的线性相关关系，因此，GDP 与人均 GDP 作为衡量经济增长的绝对值和相对值指标，对保险业发展具有显著的影响，且经济增长与保险业发展显著正相关，经济增长是保险业发展的支撑。

二　经济增长方式对保险需求的影响

“经济增长方式”通常指决定经济增长的各种要素的组合方式以及各种要素组合起来推动经济增长的方式。按照马克思的观点，经济增长方式可归结为扩大再生产的两种类型，即内涵扩大再生产和外延扩大再生产。外延扩大再生产就是主要通过增加生产要素的投入，来实现生产规模的扩大和经济的增长。而内涵扩大再生产是主要通过技术进步和科学管理来提高生产要素的质量和使用效益，以此实现生产规模的扩大和生产水平的提高。经济增长方式的转变有利于保险观念的培育，一方面，它可以直接通过对传统风险观念的冲击诱发保险潜在需求；另一方面，它通过经济增长方式的转变可以快速带动经济的增长，可以大幅提高居民的保险支付能力。经济发展的一般规律是经济增长方式会逐步由外延型向内涵型转变，而这一过程中研发（R&D）投入水平是经济增长方式的直接决定因素，表 4－2 为 2000～2010 年我国 R&D 投入在 GDP 中的占比。

R&D 投入大小与保险产业的发展是相关的，R&D 投入力度越大，对保险产业的发展越有利。

表 4-2　2001～2010 年我国 R&D 投入在 GDP 中的占比

年份	2001	2002	2003	2004	2005	2006	2007	2008	2009	2010
比重(%)	1.07	1.23	1.31	1.44	1.32	1.39	1.40	1.47	1.70	1.75

资料来源：根据《中国保险年鉴》数据整理所得。

为了验证以上观点，用 2001～2010 年我国 R&D 投入在 GDP 中的占比作为解释变量，分别对保险收入进行回归分析，得到以下方程：

$$\text{保费收入} = -15509.919 + 15529.156 \times \text{R\&D 投入在 GDP 中占比} \quad (4-3)$$
$$(-3.693) \quad (5.102)$$
$$R^2 = 0.788 \qquad F = 26.032$$

由上述分析可知，回归方程（4-3）拟合优度较好，且所有参数都是充分有效的，相关系数 $R=0.888$ 大于 0.85，说明保费收入与 R&D 投入在 GDP 中的占比之间的相关度非常高。且通过显著性检验 $|t| > t_{0.025}(7) = 2.365$，$F > F_{0.01}(1, 8) = 11.26$，说明保费收入与 R&D 投入在 GDP 中的占比之间存在显著的线性相关关系，因此，经济增长方式的转变确实对保险业发展具有显著的影响。经济增长方式的转变既可以直接通过对传统风险观念的冲击诱发保险潜在需求，又可以间接通过经济增长方式变迁带动经济增长而促使保险支付能力的提高，从而促进保险产业的发展。

第二节　社会因素

一　人口结构对保险需求的影响

目前，我国已进入老龄化社会，第六次人口普查资料显示，我国 65 岁及以上的人口为 11883 万人，占总人口的 8.87%，比第五次人口普查占比增加 1.91 个百分点。国际上公认的老龄化标志线是 7%，也就是说，我国已经进入老龄化社会。老龄化对保险产业的发展有着积极和消极两方面的影响，一方面，随着老年人口的增多在一定程度上增强了社会公众的风险意识，从而激发保险潜在需求向实际投保的转换。随着计划生育政策的实施，我国城市居民赡养老人的压力越来越大，基本上呈现 2 个成年人要赡养 4 个老人的局面。在这种情况下，为了保证自己的老年生活不给子女增加负担，人们越来越关注人寿保险的作用，这对人寿保险的发展来说是个很不错的机遇。另一方面，随着人口老龄化的加剧，人力资源会日趋衰竭，这会造成经济发展的动力减弱以及社会成员总体支付能力的相对下降，从而影响保险消费的需求。

综合我国保险产业目前的发展情况来看，老龄化所带来的负面影响被正面影响抵消了，总体上呈现的是促进作用，即老龄化的发展趋势促进了保险需求的增加。表 4 - 3 为 2001 ~ 2010 年我国 65 岁及以上人口占总人口比重。

表 4－3　2001～2010 年我国 65 岁及以上人口占比

年份	2001	2002	2003	2004	2005	2006	2007	2008	2009	2010
比重(％)	7.1	7.3	7.5	7.6	7.7	7.9	8.1	8.3	8.5	8.9

资料来源：根据《中国保险年鉴》数据整理所得。

为了验证人口老龄化对我国保险产业发展的影响，下面用 2001～2010 年我国 65 岁及以上人口占总人口比重作为解释变量，对保费收入作回归分析，得出回归方程如下：

$$\text{保费收入} = -44061.640 + 6406.356 \times 65\text{岁及以上人口占总人口比重}$$
$$(-10.823) \quad (12.258) \qquad (4-4)$$
$$R^2 = 0.955 \qquad F = 150.259$$

由上述分析可知，回归方程（4－4）拟合优度非常好，且所有参数都是充分有效的，相关系数 $R = 0.977$ 大于 0.85，说明保费收入与 65 岁及以上人口占总人口比重之间相关度非常高。且通过显著性检验 $|t| > t_{0.025}(7) = 2.365$，$F > F_{0.01}(1, 8) = 11.26$，说明保费收入与 65 岁及以上人口占总人口比重之间存在显著的线性相关关系，从回归结果中我们可以看出，我国保险产业需求与人口老龄化呈现显著正相关关系，人口老龄化带来的对保险产业消费需求的负面影响基本上被正面影响所抵消，因此，我国人口老龄化现象对我国保险产业的发展是起促进作用的。

二　城镇化水平因素

有效的保险需求必须是在保险需求者有能力购买的前提下

才能成立，只有当消费者有较高的收入时，才有能力将潜在的保险需求转化成现实的对保险产品的购买。虽然我国经历了几十年的经济发展，人民生活水平都有了大幅度的提高，但从绝对数上来说，目前我国农村居民的人均年收入水平还较低，而且农村居民的恩格尔系数即用于食物上的消费占总消费的比重仍较高，这意味着我国农村居民对保险产品的需求量不会太大，甚至大部分农村居民对保险产品没有任何需求。目前随着我国城镇一体化进程不断加快，城乡差距逐渐减小，较低收入水平的农村人口数量不断减少，农民人均纯收入不断提高。据《中国统计年鉴》可知，2010 年全国农村贫困人口为 2688 万，比上年减少 909 万人，下降 25.3%，下降幅度比 2009 年高 15.1 个百分点；农民人均纯收入从 2001 年的 2366 元增长到 2010 年的 5919 元；城市居民的人均纯收入也有很大的提升，从 2001 年的 6860 元提升到 2010 年的 19109.4 元。这种城乡结构的变化直接形成了保险产业需求水平提升的强大动力，直接刺激了保险需求的提升。保险产业应该走出城镇，立足农村，尽可能快地推出适合农村居民的保险产品，增加服务的专业性，鼓励农村居民购买保险产品。通过广泛的宣传教育，增强农村居民的投保意识以及树立我国保险公司的良好形象，转变保险公司在农村居民心中“骗子公司”的形象，增强人们对保险公司的投保信心，从而开拓出这一极具潜力的市场。农村保险市场的成功将会极大地增强我国保险产业的资本实力、创新能力和适应能力，而这些都有利于保险产业竞争力的提升。

第三节　产业因素

一　产业结构因素

产业结构是指各产业的构成及各产业之间的联系和比例关系。各产业部门的构成及相互之间的联系、比例关系不尽相同，对经济增长的贡献大小也不同。在经济研究和经济管理中，一般采用三次产业分类法，产品直接取自自然界的部门称为第一产业，对初级产品进行再加工的部门称为第二产业，为生产和消费提供各种服务的部门称为第三产业。目前，我国总的产业结构变化趋势为第一产业在国民经济中的比重逐渐下降，第二、第三产业在国民经济中的比重逐渐上升，产业结构的调整升级对作为第三产业的保险产业有直接的促进作用，同时产业结构的转变升级，对传统经济模式有很大影响，这会有助于改变人们的风险意识，从而有利于激发人们潜在的保险需求。而且，产业结构的调整升级对整个国民经济的增长有很大的促进作用，这对在绝对量上提高人们的保险支付能力有很大的作用，因此产业结构形式对保险需求有很大的影响。表4-4为2000~2010年我国第二、第三产业占国民经济的比重。

为了验证产业结构的变动会对我国保险产业的发展造成影响这一观点，下面用2001~2010年我国第二、第三产业占国民经济比重作为解释变量，对保费收入作回归分析，得到以下回归方程：

表 4－4　2001～2010 年我国第二、第三产业占国民经济比重

年份	2001	2002	2003	2004	2005	2006	2007	2008	2009	2010
比重(%)	85.6	86.3	87.2	86.6	87.9	88.9	89.2	89.3	89.7	89.8

资料来源：《中国统计年鉴》。

$$\text{保费收入} = -155031.355 + 1830.242 \times \text{我国第二、第三产业占国民经济比重} \quad (4-5)$$
$$(-5.332) \quad (5.531)$$
$$R^2 = 0.814 \qquad F = 30.596$$

由上述分析可知，回归方程（4－5）拟合优度较好，且所有参数都是充分有效的，相关系数 $R = 0.902$ 大于 0.85，说明保费收入与我国第二、第三产业占国民经济比重之间的相关度非常高。且通过显著性检验 $|t| > t_{0.025}(7) = 2.365$，$F > F_{0.01}(1, 8) = 11.26$，说明保费收入与我国第二、第三产业占国民经济比重之间存在显著的线性相关关系，从回归结果中我们可以看出，我国保险产业需求与产业结构升级呈现显著正相关关系，产业结构的升级对我国保险产业发展是呈促进作用的。

二　保险产业相关和支持性产业

保险产业的支持性产业是能够对保险产业提供供给和需求的产业，应当包括其上游产业和下游产业，前者如银行业，后者如金融投资业。

（一）银行业

保险产业和银行业之间有着复杂的关系，它们之间既有竞

争又存在合作。在向公众提供金融产品和金融服务的时候，它们之间是竞争的关系，它们是处在一个此消彼长的态势下，即对居民金融资产总量的分割。它们也会因为经营同一种业务而产生竞争，比如在养老金问题上，银行业与保险产业就产生了激烈的竞争。保险产业和银行业又是合作伙伴的关系，因为居民持有金融资产的初始形态是银行业，居民只有在银行资产稳定增长的前提下，才会不断扩大保费支出能力，完成从以银行资产形态存在的财富形式向以保险资产形态存在的财富形式的转化。同时，在金融混业经营的趋势下，我国的银行业和保险产业两者之间的业务合作在不断地加深，银行业已成为保险产业发展的重要支撑。

由以上分析可知，银行业的发展对保险产业的发展既有促进的一面，也有互相竞争的一面，因此，银行业对保险产业最终的影响就来自这两方面的合力。从我国目前的发展现状来看，在银行业总资产一路增长的同时，我国无论是保费收入还是保险产业总资产的规模也都呈上升的发展趋势。因此，我们可以认为银行业作为保险产业的支持产业，在自身的竞争力得到提升的同时促进了国内保险产业的发展并有利于其国际竞争力的提升，本文认为，银行业的发展规模对保险产业的发展起到较大的促进作用。表 4 - 5 为 2000 ~ 2010 年我国银行业总资产。

为了验证银行业的发展规模对我国保险产业的发展有影响这一观点，下面用 2001 ~ 2010 年银行业的发展规模作为解释变量，分别对保费收入作回归分析，得到以下回归方程：

表 4－5　2001～2010 年我国银行业总资产

单位：万亿元

年　份	2001	2002	2003	2004	2005	2006	2007	2008	2009	2010
银行业总资产	15.9	20.4	27.6	31.6	37.5	44.0	52.6	62.4	78.8	95.3

资料来源：根据《中国保险年鉴》《中国统计年鉴》整理所得。

$$\text{保费收入} = -268.514 + 0.015 \times \text{银行业总资产}$$
$$(-0.738)(18.318) \qquad (4-6)$$
$$R^2 = 0.98 \qquad F = 335.567$$

由上述分析可知，回归方程（4－6）拟合优度非常高，且所有参数都是充分有效的，相关系数 $R = 0.990$ 大于 0.85，说明保费收入与我国银行业总资产规模之间的相关度非常高。且通过显著性检验 $F > F_{0.01}$（1，8）＝11.26，说明保费收入与我国银行业总资产规模之间存在显著的线性相关关系。从回归结果中我们可以看出，我国保险产业的发展与我国银行业总资产规模之间呈现显著正相关关系，银行业对保险产业的负面影响基本不存在或是被正面影响所抵消。银行业作为保险产业发展的有力支撑，与保险业的发展是一荣俱荣的关系，支持银行业的发展能够促进保险产业的发展，提高保险产业的竞争力水平。

（二）金融投资业

在分散收取保费的基础上建立集中性质的保费基金，既是保险赔付的准备资金，也是保险产业用于对外投资获取投资收益的来源。从保险产业的国际发展趋势看，承包利润不断下降

甚至为负数，投资利润对保险产业发展及其竞争力的提升具有重大的现实意义。

保险产业资金运用一般集中在投资短期金融资产和长期金融资产上，比如股票、债券、国库券的投资。保险基金往往充当着金融市场中重要的机构投资者的角色。因此，金融投资业的发展程度对保险产业竞争力的提升起到关键作用。首先，金融投资业专业化程度会影响保险产业资金投资的准确性和效率。在金融投资业专业化程度很高的情况下，保险产业资金投资才会有更多更好的渠道和更专业化的投资机构来帮助它完成更高效的投资。其次，保险基金增值和运营效率的高低都直接由金融投资机构的专业判断、分析和控制能力来决定，所以只有在金融投资业运行效率很高的情况下，才有可能完成保险基金的高效增值。最后，金融投资业所依托的市场背景因素作为保险产业竞争的间接支撑因素，也会影响保险产业竞争力水平的提升。一般当市场具有较高的有效性、流动性和稳定性时，保险基金投资的系统和非系统风险水平会随之降低，而收益水平会随之增加，从而增进保险基金的投资收益和保险产业竞争力。

我国2004～2009年保险资金投资情况如表4－6所示。保险资金投资于银行存款的比重由2004年的47.05%下降到2009年的28.11%，一方面的原因是近年来我国银行利率水平的持续下滑，另一方面的原因是股票等其他投资渠道的快速发展；在债券市场方面，国债投资呈现萎缩状态，而金融债券与企业债券的投资比例稳步增加。

表 4－6　我国 2004～2009 年保险资金投资情况

单位：%

年份	银行存款	国债	金融债券	企业债券	证券投资基金
2004	47.05	24.29	9.52	5.94	6.18
2005	36.65	25.48	12.81	8.55	7.86
2006	33.67	20.51	15.49	11.93	5.13
2007	24.41	14.85	18.38	10.51	9.45
2008	26.47	13.77	28.65	15.05	5.39
2009	28.11	10.83	23.37	16.23	7.37

资料来源：《中国统计年鉴 2010》。

由上述分析我们可知，保险资金的投资情况对我国保险产业的发展是有一定影响的。随着保险资金用于银行存款和国债的比例不断减小，金融债券、企业债券和证券投资基金的投入比例不断增大，这种投资偏好的改变对保险产业的发展是有积极的促进作用的。为了促进保险产业的不断发展，对我国保险资金的运用应该多渠道化、多金融化。

第四节　企业因素

一　企业战略、组织结构和同业竞争

（一）企业战略

企业有三种基本竞争战略：第一，成本领先战略，指企业采取一系列手段压缩成本费用支出，建立达到有效规模的生产

设备，最大限度地减少研究、开发、生产、服务、推销、广告等方面的成本费用，实现以低成本取胜的目标。当别的企业在价格竞争过程中已失去利润时，该企业依然可以获得利润。第二，标新立异战略，指企业在某些产业或服务上与其他企业保持鲜明的差别，使产品或服务在产业中具有独树一帜的特性，包括品牌形象、技术特点、外观特点、顾客特点、经销网络及其他方面的独特性。第三，目标积聚战略，指企业在市场内部主攻某个特定的顾客群、某类细分的产品系列或某一地区的市场，以更高的效率、更好的服务效果为某一狭窄的对象服务，从而超过在大范围内竞争的对手。

保险企业的战略对保险产业竞争力有着很大的影响，比较中资和外资企业的发展战略可以发现，在目前竞争激烈的保险市场上，中资公司、外资公司不约而同地选择了目标积聚战略，但从基本的经营理念和实施细节上来看，中资公司、外资公司还存在不小的差距，如表 4－7 所示。

表 4－7　中、外资公司的战略差异

差异	中资公司	外资公司
创新策略	比较专注于产品创新和服务创新	除了产品创新和服务创新,还在营销模式和市场策略上实施创新
战略的谨慎性和稳健性	重视业务规模和市场占有率的扩张,打价格战,招揽低质量报单	重视战略性的长期成长,实行“谨慎经验”战略,着重品牌的逐步树立和推广
成本控制	与外资公司相比,成本控制较差	在硬件建设和制度建设上,更加重视业务财务管理,更加注重成本控制

资料来源：薛伟贤：《“入世”后中国保险产业竞争力评价与对策》，科学出版社，2009。

通过上述中外资公司战略的比较，我们可以看到，中资公司相对外资公司来说，在创新性、战略的谨慎性、稳健性以及成本控制方面都相差甚远。企业战略是设立远景目标并对实现目标的轨迹进行的总体性、指导性谋划，对一个公司来说是至关重要的。中资公司由于经验不足、企业规模有限、竞争能力较弱等原因与外资跨国公司之间本来就有较大差距，中资公司要想在保险产业中有立足之地，就必须不断完善，不断升级其公司战略，在整体上有一个好的把握，才能弥补其在各方面的缺陷，在竞争中占有一席之地。

（二）企业组织结构

企业组织对产业组织及其发展有重要影响。一方面，企业组织行为是决定产业垄断程度的基本力量。在现代市场经济条件下，企业对规模经济的追求实质上就是对资源和市场的独占程度的追求，由此影响产业垄断程度；另一方面，企业组织行为也影响企业经营的效率和竞争力。不同类型的企业或者企业集团，根据自身的资本结构、人力资源、发展阶段，进行企业组织模式的改革和创新，不仅对企业的营运水平和经营效率有影响，而且对产业的市场、竞争和绩效都会产生重要影响。当前国际保险市场的兼并、金融控股公司的出现无疑将会影响某一国家、地区及国际保险市场的竞争格局，这也说明了企业组织对产业组织的影响。

随着现代企业制度的发展，各保险公司纷纷寻找适合自身发展并且能适应市场竞争的新的组织模式。就中小保险企业而言，适宜采用新型直线职能式。就大型（跨国）保险企业集团而言，设置事业部式是比较理想的选择。西方保险公司普遍采

用了事业部式组织结构，依据产品类型、客户类型和渠道类型设置事业部是常见的做法。国内一些规模较大的保险公司，比如人保财险、平安寿险等公司也已经开始采用事业部式。另外，一些大型保险公司在集团层次引入了矩阵式组织结构。例如，苏黎世金融服务公司在集团层次设置了四个业务线和地域相结合的事业部，包括全球公司事业部、北美商险事业部、欧洲非寿险事业部和全球人寿事业部。采取矩阵式组织结构的大型保险公司，一般能够较好地适应单个企业规模的扩张，从而有利于在规模经济基础上降低自身经营成本和所承担的风险水平，并取得较为丰厚的收益，继而在进一步的竞争中取得竞争优势。

（三）同业竞争

一个行业内不同企业间的竞争不仅会对企业的成长产生重要影响，而且企业能力的发展变迁也会促进该产业的活力和竞争力的提升，表4－8对我国保险产业的同业竞争情况进行了概括总结。

表4－8　我国保险产业的同业竞争情况

同业竞争程度	我国保险市场的竞争程度不高,较低的竞争程度对保险产业的资源配置产生负面影响,保险企业活力不足,导致保险产业运行效率和竞争力水平的低下;随着我国保险市场的开放,外资保险公司的进入加剧了我国保险产业同业竞争的程度。
同业竞争方式	随着竞争程度的加剧,为了保持市场份额,保险公司以各种形式降低保险费率,主动或被动地牺牲现有的利润甚至导致亏损。许多国家也采用价格竞争的手段,反而取得了很好的效果,主要原因是这些国家有着成熟的投资环境和经验丰富的投资专家。由于我国的投资环境尚不完善,国内众多保险企业开始逐步尝试非价格竞争的方式。

资料来源：薛伟贤：《入世后中国保险产业竞争力评价与对策》，科学出版社，2009。

总而言之，保险企业战略、结构和同业竞争对保险产业竞争力有着很大的影响，影响力主要体现在保险企业的偿付能力、资金运用能力和赢利能力等方面。

二　跨国公司因素

随着我国对外开放的不断加深，外资保险公司对中国保险产业的深入程度也在不断加深，不仅在数量上有明显的提高，而且其保费收入占我国总保险收入的比重也在不断提高。跨国保险公司进入中国，给国内保险产业的发展既带来了机遇，也带来了极大的威胁。

跨国保险公司对中国保险产业有积极的影响：首先，跨国公司的进入有利于中国保险产业形成规模经济。保险产业是具有规模经济的典型行业，随着业务规模的不断扩大，保险成本会被相应摊薄，经济收益会有所提高。跨国保险公司进入中国市场，为我国保险产业带来了先进的管理理念，促进了保险人的观念更新，加快了险种的升级换代。2010 年我国保险公司总资产超过 5 万亿元，保险产品种类不断丰富，服务领域不断拓宽。

其次，跨国公司的进入使中国市场形成比较优势效应。中资保险公司利用其资源网点的绝对优势和稳定的客户群，外资保险公司利用其在责任保险、健康保险、农业保险、养老保险等方面的险种优势，两者互补长短，相互合作，共同促进我国保险产业的发展。同时跨国公司的进入有利于优化资源配置。

最后，跨国公司的进入会产生技术外溢效应。技术外溢是

指外商投资、跨国贸易等对东道国相关产业或企业的产品开发技术、生产技术、管理技术、营销技术等产生的提升效应。对当地竞争企业的技术创新的示范、刺激与推动，称为平行外溢；对当地上下游关联企业的技术进步的示范、援助与带动，称为垂直外溢。跨国保险公司的技术外溢通常有以下四种情况：模仿与竞争、联系效应、竞争优势、人力资源流动。跨国保险公司带来的技术溢出效应推动了我国的保险市场竞争，刺激了当地保险企业更加有效地使用现有的资源，而且迫使其建立赶超意识，更新观念，加大技术投入，改善资源配置，推动当地技术效率的提高。综上所述，跨国公司对中国保险产业是有积极的促进作用的，表 4－9 为 2004～2010 年外资保险公司总资产和我国保险公司总资产情况。

表 4－9　2004～2010 年外资保险公司总资产和我国保险公司总资产

年份	2004	2005	2006	2007	2008	2009	2010
外资资产（亿元）	413.05	665.64	862.66	1256.51	1524.91	2052.39	2219.12
总资产（亿元）	11953.68	15286.44	19704.19	28912.78	33418.83	40634.75	50481.6

资料来源：《中国统计年鉴》，这里用外资保险公司总资产情况反映跨国公司情况。

第五节　政府因素

由于保险产业具有负债经营的特点，具备一定的保障功能以及社会功能性，而且正常的保险产业运营状况会增强金融资产的配置效率，为保险产品购买者提供有效的风险分散途径，

不正常的保险产业运营状况会降低金融资产的配置效率，使社会风险的分散补偿功能大大减弱。因此，政府对保险公司的经营行为进行监督是必要的程序，只是由于政府监管的目标、方式的不同会对保险产业的发展产生不同的结果。目前我国监管部门主要是通过对保险市场的准入、保险公司的经营范围和偿付能力、保险公司的资金运用、保险产品的价格制定以及保险公司经营管理者的队伍结构的控制来影响保险市场的运行效率和模式。

由于目前我国政府对保险产业的监管能力较低，所以为了安全起见就对我国保险公司的经营行为有较多的干涉和限制，从一定程度上来说，这是牺牲一部分经营收益来换取保险市场的平稳运行。要想摆脱这种现状，提高我国保险产业竞争力，我国政府就必须大力提高自己的监管能力，利用更有效、更健康的监管方式来促进保险产业的发展。

政府主要是通过货币政策和财政政策两种方式来达到其调控经济的目的。财政政策是指国家根据一定时期的政治、经济、社会发展的任务而规定的财政工作的指导原则，通过财政支出与税收政策来调节总需求。对保险产业来说，如果政府减少财政支出，消费者手中的可支配收入就会相应地减少，对保险产品的需求也会随之降低。反之，就会增加消费者对保险产品的需求。税收政策对保险产业的发展也有很大的影响，赢利能力是竞争力的一个重要指标，当税率提高时，保险公司就会产生较高的经营成本，在收入一定的情况下就会减少赢利，从而造成保险公司竞争力水平减弱的情况。我国的税收制度是朝

着促进保险产业竞争力水平提升的方向发展的。2008 年之前，中资保险公司和外资保险公司的税率是不一样的，中资税率为 33%，而外资税率为 15%。中资保险公司由于起步较晚，在资金积累、专业人才数量以及管理水平上都相对落后于外资保险公司，在竞争中本已处于劣势，外资保险公司在税收上享有的许多优惠政策又使中资保险公司在竞争中继续落后。2008 年我国保险产业实现了两税合并，由之前中资公司 33% 的所得税率和外资公司 15% 的所得税率统一合并成 25% 的所得税率，这一税率改革对中资保险公司来说，非常有利于其竞争力的提升。

我国的货币政策对保险产业发展的影响较小，主要因为货币政策是通过利率的调整来实现的，当利率上调时，就增加了保险资产的机会成本，居民会选择外汇市场或资本市场来获得更高的收益；当利率下调时，居民又会投资典型示范保险市场以获得更高的收益，其实就是保费收入和利率导致的储蓄存款间有一定的替代作用。近年来，我国存款利率基本上呈上升趋势，但这期间我国的保险产业仍处于蓬勃的发展中，并没有出现明显的替代效应，所以，货币政策对我国保险产业的影响比较有限。

我国财政政策的实施主要体现在政府支出和税收收入两方面，政府支出的增加将增加消费者及厂商所拥有的财产，从而增加人们对保险保障的需求；政府支出的减少将使总需求降低，投保水平、投资机会都会随之下降。税收对保险产业的各项规定，都会直接地刺激人们对保险的需求。总而言之，税收收入与财政支出对保险产业的发展是有影响的。表 4 - 10 为 2001 ~ 2010 年中国政府的财政支出和税收收入情况。

表 4 - 10　2001 ~ 2010 年中国政府的财政支出和税收收入情况

年　份	2001	2002	2003	2004	2005	2006	2007	2008	2009	2010
税收收入(万亿元)	1.53	1.76	2.00	2.42	2.88	3.48	4.56	5.42	5.95	7.32
财政支出(万亿元)	1.89	2.21	2.46	2.85	3.39	4.04	4.98	6.26	7.63	8.96

资料来源：《中国统计年鉴 2010》《中国统计年鉴 2011》。

为了验证财政支出和税收收入情况对我国保险产业的发展有影响这一观点，下面用 2001 ~ 2010 年财政支出和税收收入情况作为解释变量，分别对保费收入作回归分析，得到以下回归方程：

$$\begin{aligned} \text{保费收入} &= -353.932 + 0.184 \times \text{税收收入} \\ &\quad (-0.833) \qquad (15.864) \\ R^2 &= 0.973 \qquad F = 251.673 \end{aligned} \tag{4-7}$$

$$\begin{aligned} \text{保费收入} &= -317.394 + 0.153 \times \text{财政支出} \\ &\quad (-1.111) \qquad (23.498) \\ R^2 &= 0.987 \qquad F = 552.177 \end{aligned} \tag{4-8}$$

由上述分析可知，回归方程（4 - 7）、（4 - 8）拟合优度都非常好，且所有参数都是充分有效的，相关系数 $R = 0.986$、$R = 0.993$ 都大于 0.85，说明保费收入与我国财政支出和税收收入情况之间相关度非常高，且通过显著性检验 $F > F_{0.01}(1, 8) = 11.26$，说明保费收入与我国财政支出和税收收入情况之间存在显著的线性相关关系，从回归结果中我们可以看出，我国保

险产业发展与我国财政支出和税收收入情况之间均呈现显著正相关关系。政府财政支出和税收收入作为衡量政府政策的重要指标，对保险产业的发展有显著的影响，目前我国的宏观经济政策对我国保险产业的发展是起到积极的促进作用的，是保险产业发展的有力支撑。

B.5 保险产业安全的国际竞争力分析

世界经济一体化的趋势要求我们在分析中国保险产业的安全问题时，不能仅立足于国内市场进行阐述。全面认识我国保险产业安全问题，要求在明确其内涵和外延界定的基础上，立足国际市场，认清我国保险产业的国际竞争力。本文从宏观角度，即宏观经济政策和市场份额角度对保险产业安全的国际竞争力进行分析。

第一节　宏观经济政策

一　对外开放政策

在世界经济一体化和全球市场自由化的趋势下，只有不断加强同世界经济的联系，一国才能更加充分地参与世界经济的发展，共享经济一体化的好处。因此一国政府应在开放型经济中积极运用国内经济政策，充分利用开放经济的条件，努力扩大出口和引进外资，利用出口拉动需求，利用外资促进投资，充分利用国外资本实现本国经济的发展。在北美、欧洲、亚洲的日韩等保险业发达的国家和地区，其注重对外资保险的引进和利用，一定程度上促进了保险产业的发展。

针对我国而言，虽然，我国保险市场仍处于发展的初级阶段，市场制度等方面还不完善，但是适度的对外开放能够刺激我国保险产业的竞争，促使其进行自我改善与更新。另外，进入东道国的外国保险公司一般是经验丰富、管理先进、业务成熟的公司，我国保险公司可以借鉴其经验，进而促进本身的发展。

二　保险业监管方面的比较

保险市场监管主要指国家保险监督管理机构对保险公司的保险经营行为进行的监督和管理。保险业是经营风险的特殊行业，已渗透到社会经济生活的各个领域，对社会经济的稳定和民众生活的安定负有很大的责任。各国政府对保险市场都必须进行监管。

（一）国外保险市场的监管机制

在国外，对于保险方面的监管，从内容角度细分，可以分为保险市场准入与退出、偿付能力监管、保险费率管理、销售行为与客户保护、对保险中介组织的监管。

1. 保险市场准入与退出的监管比较

在欧美等国家中，保险市场准入与退出有明显的规定。并且，在市场准入方面，会因消费群体的不同而采用不同的政策。

例如，美国国内保险公司的市场准入门槛较低。美国拟设立的保险公司只要满足一定的法律形式要求、财务要求和其他条件（如经营者的资格、管理技能、职业道德等），就可获得经营业务的许可。这在一定程度上促进了国内保险公司的发展。

对外市场准入方面，美国是一个市场化程度很高的国家，是发达国家中贸易自由化和放松金融管制的主要倡导者。但由于美国保险公司的监管责任由州负责，各州对市场准入的限制因各州法律不同而有所差别。在国民待遇上，对跨境提供服务（指外国公司向东道国居民或法人提供服务）有所限制。限制的方式主要是通过加收联邦执照税和限定保险业务。如非美国保险人承保某些业务时，被保险人必须证明该业务已首先向美国公司投保。另外，一些州规定再保险业务不向非美国人开放，在保险辅助服务方面，如代理人、经纪人、理赔人和许多与保险有关的职业，一般都限于本州居民，不给非本州居民授予许可证。

在市场退出方面，当保险公司被认为存在严重财务危机时，州保险署有权干预保险公司的业务活动。根据财务危机的严重程度，监管人员将极力维护保险公司的偿付能力。他们既可以整顿保险公司，也可以采取积极的监控措施，对困境中的保险公司进行拍卖或兼并。在对保险公司进行拍卖或兼并时，通常由监管人员出面协商，以避免市场混乱。如果上述挽救措施没有产生效果，监管人员就可以对保险公司进行清算，出卖其资产并处理保单持有人的索赔。为避免变卖资产造成巨大损失，各州都建立了保证基金，以补偿保单持有人的损失。

2. 偿付能力监管

目前保险业发达的国家多采用以偿付能力为核心的监管模

式。其核心是确定资本基础，要求保险公司保持至少与最低偿付能力相当的资本基金。最低偿付能力的1/3被定义为保证性基金，也是一个临界值，一旦低于该临界值，监管者就有权介入。法律不仅规定了保险公司必须拥有的资本金数额（目标最低偿付能力），而且欧盟的指令还规定了可以接受资产负债表中哪些项目作为资本基金。如果保险公司不能够满足偿付能力要求，监管机构可以采取以下措施：第一，当现时最低偿付能力小于目标最低偿付能力时，公司必须向监管当局报批“综合财务计划”，在特别情况下，监管机构可以限制或取消保险公司在自由处置投资方面的权力。第二，当现时偿付能力小于保证性基金时，公司必须向监管当局提交“短期财物计划”，监管机构可以限制或取消保险公司对投资自由处置的权力。

3. 保险费率管理

保险费率市场化已经成为北美、欧洲、亚洲的日韩的发展趋势。保险费率即保险产品价格将随行就市，根据供求关系上下浮动。在国际保险市场上，大多数保险公司的承保业务是零利润，甚至是负利润，其主要利润来源是运用保险资金而产生的投资收益，这已成为保险公司有效弥补因费率变动而造成的收入损失的主要途径。中国保险业要立足世界保险市场，应对外资保险人的竞争与挑战，就必须顺应这一国际保险市场走势，使保险费率市场化。

4. 保险营销与客户保护

国家监管机构对保险业有关代理人和经纪人的规定，

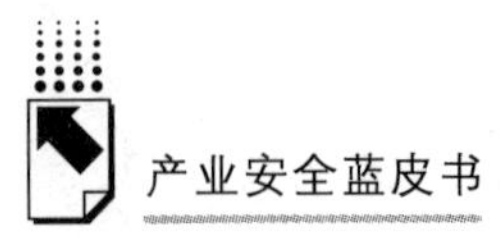

从保险营销人员的素质方面对保护保险客户提供了保障。除此之外，国家监管机构还对保险营销中的不公正竞争、回扣和投诉等问题作出了具体的规定，以保护投保人的合法权益。

5. 对保险中介组织的监管

西方国家对保险中介介入活动实行严格控制，尤其是美国。保险代理人和经纪人构成了美国保险的主要营销系统，所有中介人在从业之前都必须获得许可，且其行为要处在州政府保险部门的持续监管之下。州保险监督官员对保险中介进行直接管理和监督，管理其销售行为，若发现有违规行为将对其进行处罚、吊销许可证或支付由法庭宣判的惩罚性损害赔偿金等惩罚措施。

（二）国内保险市场的监管机制

保险业在我国属于朝阳产业，但同时也是高风险的特殊行业。在面对飞速成长的中国保险业，保险监管机构需要改变传统的保险监管模式，吸收国际保险监管的先进经验，建立适合我国国情的偿付能力、公司治理和市场行为三大支柱体系的保险监管模式。将风险管理和资本充足综合考虑，逐渐向以风险为基础的保险监管模式转变。有效防范和化解保险业风险，促进保险业健康、安全、有序地发展。

1. 偿付能力监管

偿付能力是指保险企业对所承担的风险在发生赔偿和给付时所具有的经济补偿能力，以及保险公司承担所有到期债务和未来责任的财富支付能力。从保险监管的角度来看，保

险公司的偿付能力一般分为两种：一是实际偿付能力，它是指公司的实际资产减去实际债务的部分，实际资产和实际负债均要按照监管要求和公共会计准则进行估价和核准。实际资产与负债的差额构成实际偿付能力额度。二是最低偿付能力，它是由《保险法》来规定的，是保险公司必须满足的偿付能力要求，即由《保险法》规定的保险公司在续存期间必须达到的保险公司实际资产与负债差额的标准。它是监管部门从监管的角度据此判断公司偿付能力状况的重要指标。偿付能力及偿付能力额度实际上可看做是保险公司的止损点。而偿付能力监管则发挥了使保险公司止损的功能和作用。偿付能力的强弱直接关系保险公司的竞争能力的强弱，是保险公司的灵魂，没有充足的偿付能力，就不能从根本上保证被保险人的利益和保险公司的发展。因此，各国的保险监管机构都把对保险公司偿付能力的监管作为保险监管的首要任务。我国偿付能力监管的构建框架包括：保险公司业务、财务报表制度监管；资本充足性监管；偿付能力监管手段；对保险保障基金的监管。

2. 市场行为监管

市场行为监管主要是指针对保险机构和保险中介机构的具体经营行为，监督其是否违反有关法规，是否损害被保险人利益，是否影响保险公司偿付能力，是否有碍保险市场发展，并通过逐步建立完善市场行为准则，采取有效的监管措施，及时监督和检查保险公司经营状况，支持合法经营和公平竞争，促进保险公司完善经营管理和持续发展经营。从我国的保险监管

实践来看，市场行为监管是保险监管的重要内容，也是偿付能力监管的重要基础和偿付能力监管落实到实处的关键。对保险市场行为的监管主要包含两个方面的意思：第一，从传统意义上来看，即保险市场行为监管强调保险公司和保险中介要在保险市场上按照公开、公平、公正的原则进入保险市场，进行市场竞争，不得违反法律规定从事反竞争行为，也不得利用自己在保险市场上的强势地位剥削和欺压处于弱势地位的消费者。第二，从现代意义来看，随着经济和保险业的不断发展，人们逐渐发现，由于保险本身的特点以及社会、经济、伦理等各方面因素的综合作用，投保人、被保险人甚至专业的犯罪团体的保险欺诈行为越来越严重，政府“寻租”行为也越来越疯狂，直接威胁保险市场的健康发展。因此，防范和打击保险欺诈行为，严格约束寻租行为，为保险业创造一个良好的市场环境，是保险监管机关的重要任务。保险市场行为监管具体包括四个方面：保险中介监管；消费者保护权益监管；对反保险欺诈监管；“寻租”行为监管。

3. 公司治理结构监管

公司治理问题产生于企业所有权与经营权的分离。对普通公司而言，监管机构是既不介入其公司治理，也没有必要监管其公司治理的。然而，对保险公司而言，情况却恰恰相反。不仅很多国家早已将保险公司治理问题列入监管范围，而且近些年来人们对监管保险公司治理的必要性的认识更趋统一，政府对保险公司治理的监管更趋严厉。

首先，明确承保政策监管要求。目前，国内关于保险活动

的监管较少涉及承保政策方面的监管要求。因此，应尽快出台政策要求保险公司申请设立时必须提交承保政策，在实际运用中严格按照承保政策制定相应的承保管理制度，加强保险业务的承保管理，确保业务品质，提升经营效益。其次，加强风险转移监管。目前，国内关于风险转移的监管规定仅有《再保险业务管理规定》，尽管有些公司按照规定办理了再保险，但是由于我国再保险市场发展缓慢、再保险市场还不健全和人民币保险业务不能与国际接轨等因素的影响，实际上并没有完成风险转移。因此，我国应首先健全再保险市场，做好风险转移。

第二节　市场份额及结构的比较

一　市场份额的比较

从全球范围看，世界保险业整体发展态势良好，保费收入、保险密度（人均保费）、保险深度（保费收入/GDP）均呈上升态势（详见表5-1）。从保费收入看，1999年全球保费收入仅为2.324万亿美元，2004年快速增长到3.244万亿美元，实现了平均7.91%的增长速度，呈现出持续增长的势头，远高于同期全球GDP增长的速度。从保险密度看，世界保险业密度从1999年的387.3美元到2004年的502美元，出现快速增长的局面。从保险深度看，1990年，世界保险业保险密度为7.52%，2004年达到了7.99%。另外，从其年均增长率来看，2001～2004 年间增长速度明显快于 1999～2001 年间的增长速度。

表 5－1　2008 年世界各大洲保险业基本数据

地　区	保费收入（百万美元）	全球市场份额（%）	保险密度（美元）	保险深度（%）
北美洲	1345816	31.52	3988.8	8.54
拉吉加	104933	2.4	175.8	2.53
欧　洲	1753200	41.06	2043.9	7.46
亚　洲	933358	21.86	234.3	5.95
非　洲	54713	1.28	55.6	3.57
大洋洲	77716	1.82	2271.9	7.02
世　界	4269737	100	3655.4	7.07

注：拉吉加指拉丁美洲及加勒比海地区。
资料来源：2009 年《中国保险年鉴》。

从世界各大洲保险业的发展态势看，世界保险业大格局在一定时期内不会改变，北美洲与非洲分居世界保险业的两级，亚洲的保险业发展在世界保险业发展中一直处于中间地位，其保费收入稳居世界第三，保险密度与保险深度均居世界第四（详见表 5－2）。尽管亚洲的世界排名并不特别靠后，但其保费总收入占世界保费总收入的比重呈下降趋势，2001 年、2004 年、2005 年、2007 年、2008 年的比重分别为 24.7%、22.7%、22.2%、19.7%、21.9%；同期，亚洲保险密度绝对值呈上升趋势，但增长速度远慢于世界平均水平，与世界平均水平的差距呈拉大趋势。保险深度均略低于世界平均水平，且差距具有拉大趋势。

表 5－2　各大洲保险业指标世界排名情况统计

地　区	保险密度排名	保险深度排名	地　区	保险密度排名	保险深度排名
北美洲	1	1	亚　洲	4	4
拉吉加	5	6	非　洲	6	5
欧　洲	3	2	大洋洲	2	3

资料来源：据表 5－1 数据计算得到。

通过表 5－2 与表 5－3 的数据对比，可以得出如下结论：世界保险市场的区域性寡头垄断特征明显，即世界保险业仍然主要集中在欧洲、北美及亚洲的日韩等发达国家，市场占有率远高于发展中国家。表 5－3 中的这些国家的人口仅为全世界人口的 26.1%，但在 2008 年已经控制了全球 94.4% 的保险业务。中国作为一个人口大国、经济大国，在世界保险市场上所占的份额很低。2008 年中国人口是全球人口的 2/5，但其保费收入只是世界保费收入总量的 4%，人均水平（保险密度）位居世界第 66 位，在全球保险业发展中所处的地位微乎其微，与世界平均水平相比仍有很大差距。

整个亚洲的保险发展水平居于世界平均位置，但是中国的保险业发展水平远低于日本与韩国的保险业发展水平。中国保险业发展与发达国家相比差距更大，保险密度位居世界第一的英国是我国的 65 倍，英国的人均 GDP 是我国的 13 倍，从这两个数字可以看出，我国人口基数大，但是保费收入并不乐观。与同在亚洲的日本保险业也缺乏可比性，日本的保险密度是中国的保险密度的近 35 倍；其人口是中国人口的 1/10，但其保险深度却是中国保险深度的 3 倍之多。表 5－3 中的数据直观地告诉我们中国保险业发展仍处于非常低的水平，虽然其保费收入排在世界第6位，但是就衡量保险业发展水平的保险密度和保险深度来说，我国必须正视保险业发展过程中存在的问题，意识到其在国际市场中的竞争力很弱，应重视保险业的健康发展，不能忽视其在发展过程中的安全问题。

表5-3　2008年中国与发达国家保险业及相关数据统计

	人口（百万）	保费（百万美元）	排名	保险密度（美元）	排名	保险深度（%）	排名	人均GDP（千美元）	排名
美国	304.2	1240643	1	4078	9	8.7	13	46.89	6
日本	127.9	473197	2	3698.6	10	9.8	9	37.88	12
英国	61.4	450152	3	6857.8	1	15.7	2	43.60	10
法国	63.9	273007	4	4131.0	8	9.2	11	44.84	8
德国	82.2	243085	5	2919.2	18	6.6	21	44.51	9
意大利	59.8	140689	7	2263.7	22	5.9	22	38.68	11
加拿大	33.2	105174	9	3170.8	15	7.0	20	45.24	7
韩国	49.3	97023	10	1968.7	24	11.8	5	16.75	14
荷兰	16.4	24403	8	6849.5	2	12.9	4	53.05	4
西班牙	45.6	87038	11	1909.1	25	5.4	27	35.33	13
中国	1336	140818	6	105.4	66	3.3	43	3.25	16
印度	1185.1	56190	14	47.4	78	4.6	31	1.03	17
瑞士	7.6	48718	16	6379.4	3	9.9	18	64.61	1
爱尔兰	4.4	44918	18	4914.5	5	7.9	16	63.18	2
丹麦	5.5	31457	22	5418.9	4	8.7	13	61.82	3
芬兰	5.3	23336	26	4393.2	6	8.5	15	16.12	15
比利时	10.7	49077	15	4298.8	7	9.1	12	47.48	5
世界	6735.6	4269737		633.9		7.1			

资料来源：2009年《中国保险年鉴》。

二　市场结构的比较

（一）保险市场没有进行合理的细分[①]

我国经济总量在全球位居第4，然而，从寿险业务来看，它的覆盖率在10%左右，财产保险在全球排名第11位。从保险深度的指标来看，我国保险业对整个国民经济的贡献度占GDP的比重只有2.7%左右，而全球平均比重是7%左右，我国少于一半。所以，中国保险市场远没有饱和，我们的产品没有根据民众需要进行合理细分，导致我国很多企业和民众都买不到合适的保险产品。

（二）我国保费收入来源狭窄[②]

2010年，保监会公布一季度中介市场报告。该报告显示，我国保险公司通过保险中介渠道实现保费收入3749.88亿元，同比增长34.35%，占全国总保费收入的82.57%。保险中介继续发挥保险产品销售主渠道的作用。各渠道的发展较为稳定，银行、保险营销等渠道依旧处于主导地位。

---

① 郝演苏：《中国保险投资渠道不能完全开放，保险市场没有进行合理细分》，2008－10－21，http：//opinion.hexun.com/2008－10－21/110214326.html。

② 《保费收入八成靠中介》，2010－05－28，http：//finance.ifeng.com/money/insurance/hydt/20100528/2245125.shtml。

B.6
保险产业安全的对外依存度分析

相对于其他金融产业而言，保险产业具有保障功能的特性，我国保险产业的发展对我国社会保障方面的实现和发展具有至关重要的作用。同时，保险产业在我国是新兴产业，处于发展敏感脆弱期，考虑到世界经济一体化的趋势和中国对外开放程度不断加深的现实，我们应该意识到研究保险产业对外依存度的重要性。由于保险产品本身的特性，我们在分析保险产业对外依存度时，主要从外资保险业在中国发展的程度变化以及我国保险公司在外国的发展状况进行分析。

第一节　我国保险市场的整体分析

一　从全国角度分析

外资保险公司在中国保险市场上的占比数量呈现下降趋势，可以归结为以下几方面的原因：第一，随着中国 2000 年加入 WTO，中国保险市场扩大了对外开放的程度，此时大量外资保险公司涌入中国保险市场。中国保险市场本身起步晚，发展处于萌芽阶段。第二，随着经济的发展，中国国内保险市场发展迅速，保险公司数量直线上升，但是由于中国国内

政策的影响，外资保险公司进入中国受到限制，进而造成了比例的下降。中国保险市场上的外资保险公司的市场份额(见图6－1）和资本占有率是不容乐观的（见图6－2)。

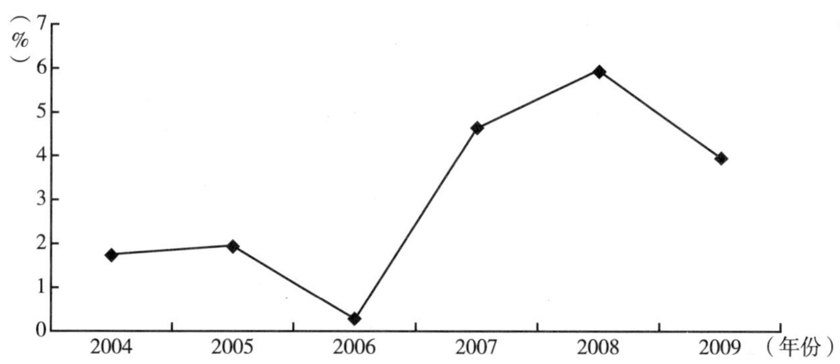

图6－1　外资保险市场份额占有情况

资料来源:《中国保险年鉴》2005～2009年。

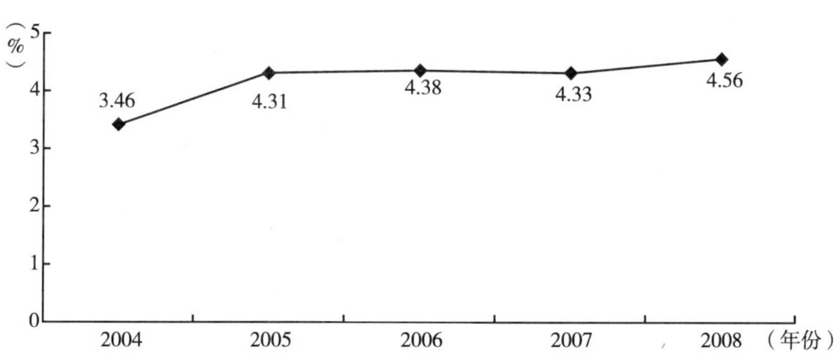

图6－2　2004～2008年外资保险公司总资产占比情况

资料来源:《中国保险年鉴》2005～2009年。

市场份额在一定程度上反映了中国保险市场的对外依存度。2006年年底，中资保险公司保费收入为5380.75亿元，市场份额为95.4%；外资保险公司保费收入为259.4亿元，市场份额为4.6%，比上年同期减少了2.28个百分点。2008年年底，中资保险公司原保费收入为9394.26亿元，占市场份额的96.2%；外资保险公司原保费收入为389.84亿元，占市场份额的3.98%，比上年减少1.99个百分点。

我国的保险市场仍是中国保险资产占主要优势，对外依存度没有给我们带来很大的威胁，但是我们应充分重视外资保险公司在中国保险市场上不断扩张的趋势。普华永道最新发布的《外资保险公司在中国》调研报告显示，2010年外资公司总数超过70家，占据中国保险市场的10%，在华外资保险公司都估计他们在中国的市场份额将持续上升。

二　从区域角度分析

在北京、上海、深圳、广东这些外资保险公司相对集中的区域保险市场上，外资保险公司的市场份额分别为21.16%、19.19%、12.01%、10.22%。2007年底，外资保险公司在上海、北京、深圳和广州的市场份额分别达到了25.22%、18.04%、17.42%、14.49%。2008年年底，在北京、上海、深圳、广东这些外资保险公司相对集中的区域保险市场上，外资保险公司的市场份额分别为12.73%、16.62%、9.33%、8.75%①。

上述资料显示，外资保险公司在我国北京、上海、深圳、

① 资料来源：《中国保险年鉴》2007～2009年。

广东等经济发达地区具有相对稳定的市场份额。随着国内市场的进一步开放和世界经济的发展，外资保险公司开始向二线城市扩张，如重庆、成都等地。

第二节　寿险公司

一　市场主体

2010年，我国共有人寿保险公司60家，实现原保费收入4269.46亿元，比2009年同期增长35.2%。其中中资人寿寿险公司32家，实现原保费收入4053.48亿元；外资人寿寿险公司28家，实现原保费收入215.98亿元，市场份额为5.05%。

二　市场份额

2010年，中国人寿股份有限公司实现保费收入1406.61亿元，中国平安人寿实现保费收入635.30亿元，新华人寿实现原保费收入400.87亿元，泰康人寿实现原保费收入392.38亿元，中国太平洋人寿实现保费收入140.29亿元。图6－3显示，在中国保险市场上，中资寿险公司仍占绝对数额。但是，这只能部分地表现中国保险市场份额的大概分布状况。

与2009年同期比较，外资保险市场额略有提升（见图6－4）。但是，外资寿险公司很多以参股的形式占据中国保险市场。

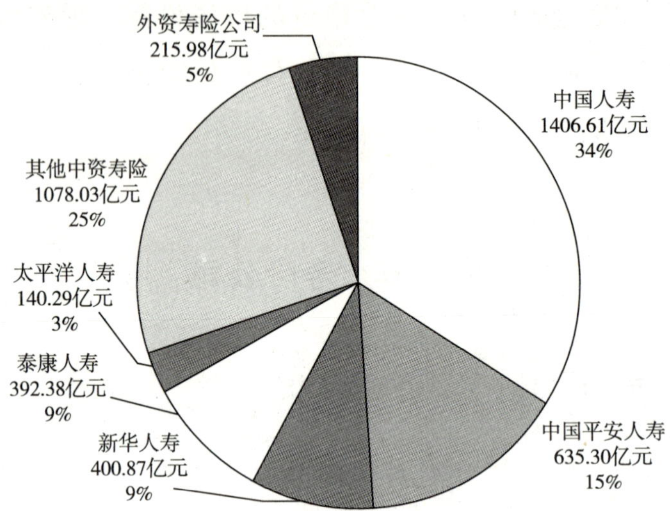

图 6－3　2010 年寿险公司市场份额

资料来源：《中国保险报》，http：//www.circ.gov.cn/web/site0/tab61/i131522.htm，2010－05－28。

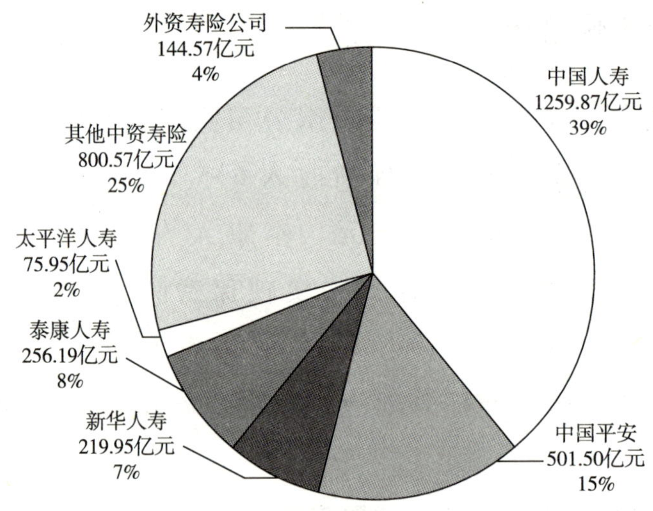

图 6－4　2009 年寿险公司市场份额

资料来源：中国保监会官方网站，http：//www.circ.gov.cn/web/site0/tab3060/i101804.htm，2009－05－26。

第三节　财产险公司

一　市场主体

2010 年，我国共有财产保险公司 52 家，实现总保费收入 1395.6 亿元。其中，中资财产险公司 34 家，实现原保费收入 1371.19 亿元；外资财产险公司 18 家，实现原保费收入 24.41 亿元，市场份额为 1.03%。

二　市场份额

2010 年，中国人民财产保险股份有限公司实现原保费收入 541.9 亿元，中国平安财产险实现保费收入 202.27 亿元，中国太平洋财产保险股份有限公司实现原保费收入 185.89 亿元，中华联合财产保险股份有限公司实现原保费收入 60.21 亿元，中国大地财产保险股份有限公司实现原保费收入 46.28 亿元，外资财险公司实现原保费收入 14.42 亿元。图 6－5 显示，对我国财险市场而言，中资财产保险有限公司仍占绝对优势，并且 75% 左右的市场份额被中国人民财产保险股份有限公司、中国大地财产保险股份有限公司、中国太平洋财产保险股份有限公司、中国平安财产保险股份有限公司所占有。

2010 年全球经济逐渐从 2008 年的金融危机中恢复过来，中国的国际地位不断提升，这在一定程度上吸引了很多国外优秀的企业进驻中国市场。进驻中国保险市场的企业大都是资金

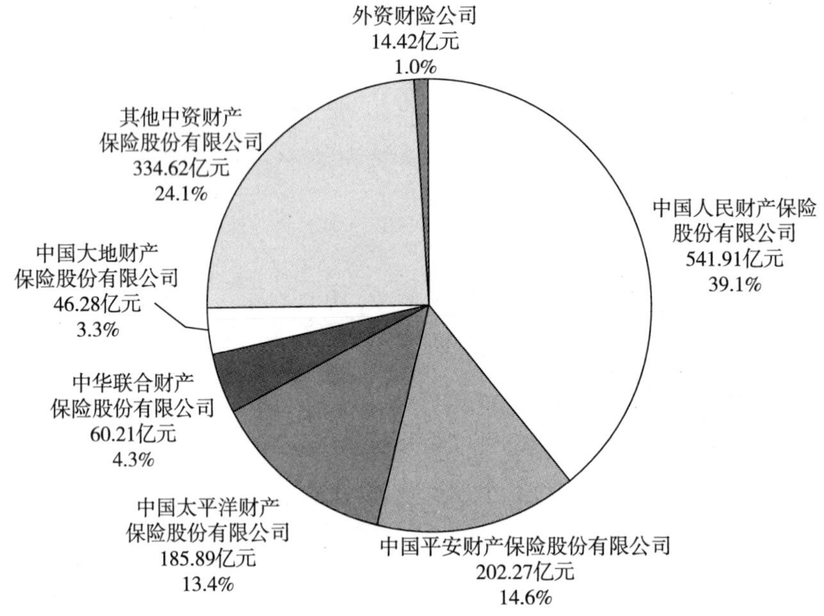

图 6－5　2010 年中国财产险公司市场份额

资料来源：http：//www. circ. gov. cn/web/site0/tab61/i131531. htm，2010－05－28。

实力雄厚、承保技术成熟的公司，对中国保险市场的威胁性很大。虽然外资保险公司在我国保险市场中所占的份额不大，而且中国保险对外依存度不高，但是外资保险的触角已经触及中国保险市场更多的地域和公司，所以，不能单纯地乐观于中资保险公司在保险市场中所占的市场份额。

B.7 保险产业安全的产业控制力分析

第一节 外资进驻我国保险市场结构构成

外资保险公司的市场进入方式以合资为主，值得注意的一点是，外资保险公司在中国设立合资公司时，大都倾向于选择非保险企业特别是以实业经营为主的中资大型企业集团作为合作伙伴。资料显示，2008 年底前在国内开业的 26 家合资寿险公司中，仅有 4 家的中方股东为中资保险公司，其余的中方股东则包括海尔集团、首都机场、五矿集团、中粮集团、中国石油等大型企业集团。其合资的方式反映了外资保险公司的市场地位，选择财力雄厚、具备良好信誉、具有国资背景的大型非保险中资企业作为合作伙伴，外资公司一方面可以规避风险，另一方面可以为合资公司迅速获取客户资源、扩大影响力、占据中国保险市场份额。

另外，按照监管部门的标准，外资持股比例超过 25% 的保险公司才属于外资保险机构。而实际上，境外保险机构除了采取外资保险公司分公司、外资独资公司和中外合资保险公司等形式设立“外资保险机构”外，还比较普遍地通过参股国内现有保险公司进入中国保险市场。例如，美国安达集团（ACE）成功收购华泰财产保险公司 22.13%

的股份；香港汇丰相继持有平安保险公司 19.9% 的股份，富通集团（FORTIS）持有太平洋保险公司 24.9% 的股份，此外，在国有保险公司股份制改造过程中，外资也以参股方式广泛参与其中。在上文关于保险对外依存度分析中，我们看到了外资保险公司在 2000～2008 年，绝对数量在迅速扩展。

第二节　外资保险公司的资本扩张

2008 年，保险公司总资本数额达到 54526.8 亿元，其中中资保险公司资产为 53050.3 亿元，占总资本的 97.29%；外资保险公司资产 1476.50 亿元，占总资产的 2.71%。单纯从数字上看，并没有明显的资本控制程度。但是，我国的外资保险公司大部分以合资形式出现，目前几乎所有中资保险公司都有外资参股，而且很多公司外资参股的比率都接近 25% 的最高限额，如平安（集团）为 23.74%，新华人寿为 24.9%，生命人寿为 24.9%，华泰资产为 22.13%，太平人寿为 24.9%，泰康人寿为 25%。据此计算，外资参股中资保险公司所带来的资本金总额已经超过 30 亿元。这就意味着外资保险公司在中国保险市场上的控制力已经远远超过了 5%。

第三节　外资保险公司的经营模式和竞争策略

随着中国经济的快速增长和对外开放程度的不断提高，外

资保险公司的成长性将逐步显现，并且在中国保险市场上，它们有其经营的优势。

一　充分利用中外方股东资源优势，加大拓宽市场力度

在国际化经营的大背景下，外资保险公司十分注重发掘自身独特的资源优势，利用母公司先进的风险控制和管理技术、产品创新能力，提升业务的技术含量，突出专业化优势；同时充分利用中方股东强大的实力和股东本身对保险的需求，获取客户资源，扩大影响力。而我国保险市场中的大部分保险公司，扩大市场份额的方式过于单一，绝大多数依赖于价格优势；我国保险公司的保险产品差异化不明显，这也是影响我国保险产业控制力的因素之一。

二　外资保险公司逐步扩大经营区域，由一线城市向二线城市扩张

外资保险初涉中国保险市场，大都选择北京、上海、广州、深圳等中国经济最为发达的城市。在北京、上海、深圳、广东这些外资保险公司相对集中的区域保险市场上，外资保险公司的市场份额分别为12.73%、16.62%、9.33%、8.75%。之后，随着外资保险对中国保险市场的进一步熟悉，外资保险公司开始向二线城市扩张，扩张方向为经济发达的“长三角”“珠三角”“环渤海”三大经济圈以及西部中心城市成都、重庆等地。

三　顺应经济形势和客户需求，增加细分市场，不断推出新产品

责任险、工程险、保证保险、信用保险等险种在国内发展比较落后，这会使外资财产保险公司有机可乘。根据不同地区、不同客户的潜在需求及现实需求，适时开发设计符合实际需要、有特色个性化的产品和服务。

四　抢占高端市场，潜在竞争力不断提升

在客户定位上，外资财产保险公司把“目标市场客户”定位于外资企业、高新技术企业和高端个人客户。资料显示，相当一部分外资保险公司进入东道国市场采取的是“客户跟随”策略，部分外资保险公司的企业客户中，70%以上是外资企业。从北京、上海、深圳等外资保险相对发达的地方来看，日本、韩国等国的外资保险公司大多只为母国的客户提供保险服务，是严格的客户跟随者。欧美等国“市场入侵型”的外资保险公司也有相当一部分主要为外资客户服务，外资保险公司对中资客户的占有率还很低。外资寿险公司则强调“量身定做”“灵活多样”和“服务个性化”，瞄准高收入群体和团体大客户，提供包括大额寿险、意外险、医疗险、养老险等一揽子或自助式产品组合，满足客户多层次的需求。同时，不少外资寿险公司还与银行联手，设立个人理财中心，专为高端客户提供专业的私人理财服务。

通过上面的分析我们可以看出，外资保险公司对我国保险

市场的控制程度正逐步扩大，并且对我国的保险市场采用灵活手段，有计划地一步步实现。另外，我们还应该认识到，合资只是外资保险公司为了更容易进入我国保险市场的一种手段，随着对中国保险市场的不断熟悉，外资具有独资倾向，并且外资保险公司因存在着共同的利益目标，几个外资保险公司可能合作并结成联盟，共同与中国保险公司展开竞争，实现它们的共赢。显然，这些对中国保险的控制力是一种威胁。这就要求我国保险产业必须重视自身的发展，在核心业务开展、产品创新、投保监管等方面做出努力。

实　证　篇

Report on Empirical Subjects

保险产业安全评价是对保险产业安全状态的定量分析，是保险产业安全理论的数量化研究。建立一套符合保险产业发展实际的有效的保险产业安全评价体系，有利于客观、准确地“把脉”保险产业安全状态和进行保险产业安全预警，从而及时地调整产业决策，维护我国保险产业的安全与发展。

产业安全预警是在安全评价的基础上，根据观测到的评价指标变量，适时、适度地向相关经济单位发出警告，并协助相关决策部门制定应对措施。做好产业安全预警，防患于未然，是抵御经济风险、维护产业安全的重要措施。2008 年席卷全球的金融危机再次将风险问题推到了金融业的风口浪尖，作为以经营风险为主营业务的保险产业，其安全与否对整个金融业的稳定运行具有十分重要的意义。因此，应确保保险产业安全，对保险产业安全状态进行预先判断，出现警情要及时向相关单位发出警告，做到事前控制，避免出现更深层次的问题，进而适时、适度地采取调控措施。

B.8

保险产业的安全评价体系

第一节　保险产业安全评价指标体系的构建

保险产业安全评价指标体系的构建包括两个方面的内容：保险产业安全评价体系的设计原则和保险产业安全评价体系的设计方法。

一　指标体系的设计原则

正确确立评价体系的设计原则是建立产业评价指标体系的指导思想，是科学构建产业安全评价体系的基础和方法，因此我们首先确定保险产业评价体系的设计原则，并在此原则的指导下选取评价指标，确定评价体系内容。

（一）系统性原则

指标体系构建的系统性原则，是指纳入指标体系内的各项指标应在总体上形成一个系统，具有统一性和完整性。

（二）相关性原则

各项指标与保险产业安全之间应该相关，即保险产业安全状况的变化可以由这些指标灵敏地反映，这些指标也应该成为指示保险产业安全状况的“晴雨表”。为遵循这一原则，我们将在保险产业安全影响因素分析的基础上，选择那些能够恰当地描述影响因素的指标，并将其纳入指标体系之内。

（三）可测性原则

首先，各项指标应该是可测的，每个指标都可以通过对经济现象的观测准确地计算出来；其次，所选的指标应尽可能地与可获得的有关统计资料在统计口径上一致；最后，可测性原则还指产业安全从整体上是可测的，即可以通过各项指标的数值计算出一个产业的安全度。

（四）可控性原则

各项指标还应该是可控的。如果一个产业安全的程度较低，应该可以通过采取一定措施影响这些指标的数值，从而维护产业的安全。

（五）阶段性原则

由于保险产业安全始终处于不断变化的过程当中，特别是在国家的经济发展阶段，其要素禀赋和产业结构均有自身的特点。因此，该体系必须适应经济发展的阶段性需要，根据经济发展的轨迹，不断调整和修正，动态地进行定量研究。

（六）科学性原则

保险产业安全评价指标体系必须立足于客观现实，建立在准确、科学的基础上，所选指标的集合能够充分反映保险产业安全状况的真实水平。指标的选取应具有代表性，指标体系的大小力求适宜。统计指标的选择能较为准确地反映保险产业安全的某一方面。

（七）战略性原则

指标体系不能仅仅局限于对现实情况的评价，还应充分体

现出对发展潜力的评价。

（八）规范性原则

在选取指标的基础上，对各个指标的取值进行权重处理，然后按照国际通行的经济警戒值，划分安全等级。

（九）实用性原则

通过该评价体系得出的结论和相应数值将能够较容易地被有关政府部门、学术机构和行业协会、企业等使用，特别是有关数值能够与国家产业安全预警平台相互衔接，形成有效互动。

二　指标体系的设计方法

任何系统都具有整体的形态、结构、边界和功能等，而且系统整体具有其他部分简单加总所没有的系统性。同时，系统还具有等级性，由不同的子系统组成，不同层次之间有着高低、上下、深浅、内外的区别，而各部分组成后则具有一定的功能作用。创建产业安全评价体系时，首先要根据保险产业安全的几大主要影响因素构成指标体系的基本结构，即一级指标；其次，将描述这些影响因素的各项具体指标，分别列入相应的一级指标之下，作为二级指标，并建立起两级指标之间的逻辑关系；最后，从反映同一个影响因素的众多指标中挑选出具有代表性的指标，剔除那些与该代表性指标相关度过高的指标。

需要特别说明的是，由于涉及体制的相关因素，如保险产业融资体制的完善程度、产权制度的深化程度、政府管理绩效等，难以准确量化，因此处理这些因素时需要进行适当分解和异化，尽量将其融入一些可测性的因素当中。此外，因统计方面的客观原因，一些指标难以获得或缺乏有效性，而需要运用替代指标，在某些情况下，甚至替代指标都难以获取，只能够采取推演的方法进行估算或者只能够忽略。为此，为保证评估的客观性，尽量设立多个二级指标以供备选，但要以确保获取主要的硬性指标为原则。

三　保险产业安全评价指标体系的构建

遵循评价体系指标的设计原则，按照评价体系的设计方法，我们选取并确定保险产业国内环境评价指标、保险产业国际竞争力评价指标、保险产业对外依存度评价指标、保险产业控制力评价指标四大部分作为保险产业安全评价指标体系的一级指标（见图8－1）。保险产业国内环境是保险产业赖以生存

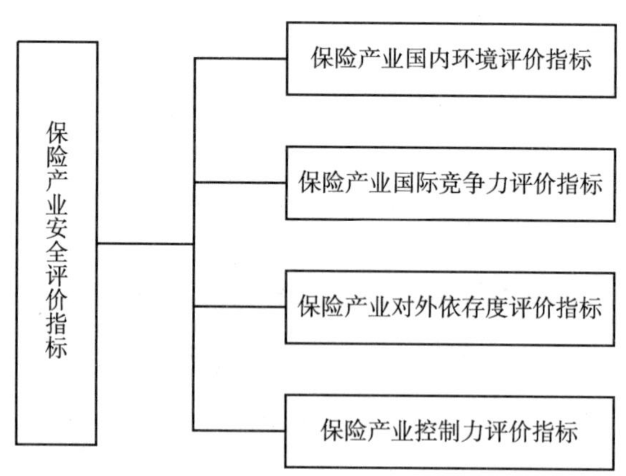

图8－1　保险产业安全评价指标体系

的基础，保险产业国际竞争力则是保险产业安全的核心问题，保险产业对外依存度反映产业受跨国因素负面影响的情况，产业控制力反映外资对其产业安全的影响程度。在此基础上，从评价的角度分别对上述四部分内容进行阐述和界定，构建相应的二级指标和三级指标。

（一）保险产业环境评价

一个产业的国内生存环境是该产业赖以生存的基础，广义上的产业环境，包括产业自身的状况，也包括影响产业发展的各种因素，如地域环境、宏观经济环境、政治法律因素、社会文化因素等。但是从研究保险产业安全的角度看，我们所描述的保险产业环境则是影响保险产业安全生存和发展的保险产业金融环境、保险产业市场需求环境、保险产业政策环境等。因此，保险产业环境评价体系应该包括保险产业的金融环境指标评价、保险产业市场需求环境指标评价及保险产业政策环境的指标评价（见图 8－2）。

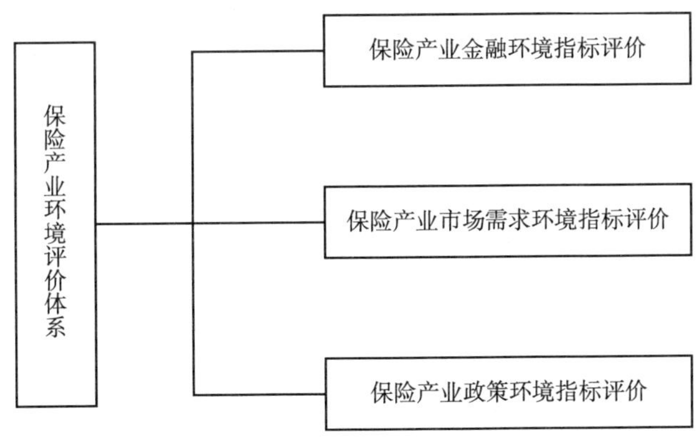

图 8－2　保险产业安全国内环境评价指标体系

1. 保险产业金融环境指标评价

一个产业的生存和发展必须有一个可持续的、高质量的“资金链”，本节正是通过对保险产业发展的资本效率高低、资本成本大小的分析，来评价一个产业的生存和发展所需要的产业金融环境。

（1）保险产业资本效率。保险产业资本效率是指保险产业内企业获得资本的难易程度，衡量的指标是资本的隐性成本。如果保险产业的资本效率低下，将不利于保险产业的生存。我们根据保险企业获得银行信贷的难易程度、进入股票市场的难易程度以及其获得风险资本的难易程度来衡量①。

（2）保险产业的资本成本。保险产业的资本成本是指保险产业内筹集和使用资本需要付出的代价。企业的生存和发展需要资本的支持，无论企业是依靠内部积累，还是从外部获得资本；无论是通过银行贷款，还是通过资本市场发行股票或债券，都存在一个资本成本的问题。如果资本成本过高，会使原本有竞争力的企业背上沉重的负担，影响产业的生存。保险产业的资本成本可以短期实际利率来衡量②。

2. 保险产业市场需求环境指标评价

保险市场需求环境主要是指国内保险产业市场需求条件。国内保险市场的各种条件可以彼此强化，并在保险产业的各个演化

---

① 何维达、宋胜洲等：《开放市场下的产业安全与政府规制》，江西人民出版社，2003，第102页。

② 何维达、宋胜洲等：《开放市场下的产业安全与政府规制》，江西人民出版社，2003，第102页。

阶段中，发挥其特有的作用。但是国内保险市场需求条件最大的贡献在于，它可以为企业提供发展、持续投资与创新的动力，并在日趋复杂的保险产业环境中建立企业的竞争力[①]，比起从市场规模而来的短暂优势，由国内市场需求条件产生的竞争优势更具有决定性和持久性。因此，产业市场需求环境的评价对于正确评价一国产业安全状况应该是一个重要的评价利用指标。

3. 保险产业政策环境指标评价

所谓保险产业政策环境是指影响保险政策产生、存在和发展的一切因素的总和。保险产业政策环境包括自然环境和社会环境两大部分。在政策环境的诸多因素中，社会经济状况、保险产业的政策法规等因素对保险产业的影响最大。

影响保险产业政策安全的产业政策环境因素——社会经济状况、体制和制度条件，国际环境，目标的正确性，手段的有效性等不具有可测性，也很难选取具有相关性的可测二级评价指标。因此我们在保险产业安全评价体系的构建中，关于保险产业政策环境只给予定性分析，不作定量的评价。

（二）保险产业国际竞争力评价

自中国加入 WTO 后，我国保险产业不可避免的要向世界保险业敞开大门。根据 WTO 协议，“入世”前三年，我国对保险业具有一定的保护政策。2004 年，我国保险产业实现全部对外开放，逐渐参与到国际保险业市场中，这使我们在研究保险产

① 〔美〕迈克尔·波特：《国家竞争优势》，李明轩、邱如美译，华夏出版社，2002，第 71、93 页。

业存在与发展的安全问题时必须考虑保险产业国际竞争力问题。

本节主要从两方面考虑建立保险产业的国际竞争力评价体系，一方面，建立保险产业现有的国际竞争力评价体系，另一方面，建立保险产业潜在竞争力评价体系。之所以这样设置，是因为保险公司负债经营的特点和保险保障这一特殊产品的社会公益属性。一方面，保险公司的业务流程表现为收取保费在前、赔付在后，如果保险公司为了提高当前的竞争力而选择不注重承保业务质量的从业方式，对保险公司未来的发展会造成毁灭性的打击；另一方面，保险行业是关系国计民生的重要金融领域，保险产品因具有一定的公共产品属性而具备一定的社会公益性，在我国保险业发展的当前阶段，从国家金融安全角度考察更需要注重当前与未来发展的协调。鉴于此，本节将我国保险业的国际竞争力分为现实竞争力与潜在竞争力。

1. 保险产业现有的国际竞争力指标体系

分析保险产业的国际竞争力，主要从三方面进行把握：市场竞争力、绩效竞争力、结构竞争力（见图 8 - 3、表 8 - 1）。

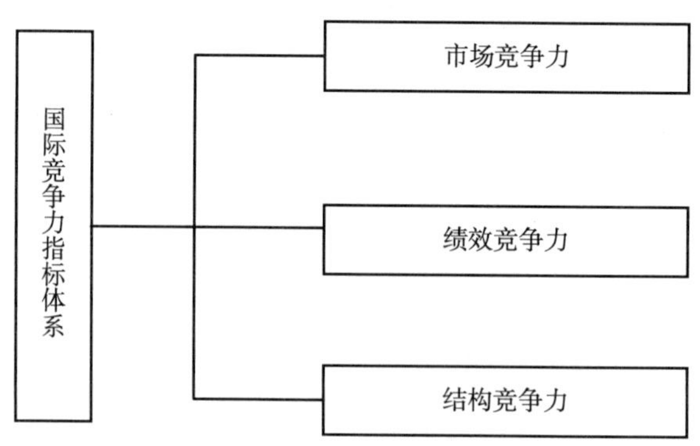

图 8 - 3　保险产业的国际竞争力评价指标

表 8－1　保险产业现有国际竞争力指标体系

一级指标	二级指标	三级指标	四级指标	计算公式
保险公司国际竞争力	市场竞争力	市场份额占有率		
		资本市场占有率		
	绩效竞争力	赢利能力	资产利润率	净利润/年平均资产
			净资产收益率	净利润/年平均净资产
			保费收入利润率	净利润/保费收入
		偿付能力	资产负债率	负债总额/总资产
			资本充足率	净资产/总资产
			肯尼系数（经营规模系数）（非寿险）	自留保费/（资本金＋公积金）
			流动比率	流动资产/流动负债
		经营能力	资金运用率	资产运用平均额/总资产
			投资收益率	净投资收入/资金运用平均额
			退保率（寿险）	退保金额/保费收入
			赔付率（非寿险）	净赔付支出/净保费收入
	结构竞争力	市场集中度		行业大中型保费收入/行业全部保费收入

注：表中平均的概念均指年初与年末的平均值。如平均资产是指企业资产总额年初数与年末数的平均值，其计算公式为：年平均净资产＝（年初资产总额＋年末资产总额）÷2；净资产是指资产减去负债的余额。年平均净资产是指企业资产净额年初数与年末数的平均值，其计算公式为：年平均净资产＝（年初净资产总额＋年末净资产总额）÷2。

（1）市场竞争力。市场竞争力主要从保险业总体发展情况进行把握，可以通过市场份额占有率和资本市场占有率进行分析，将这两项设立为三级指标。

市场份额占有率是指某单位实现原保费收入在总保费收入中所占的比例。其公式为：

$$市场份额占有率 = \frac{某单位实现的原保费收入}{行业实现的总原保费收入} \times 100\%$$

资本市场占有率是指某单位的资本总额在行业资本总额中所占的比例。其计算公式为：

$$资本占有率 = \frac{某单位的资本总额}{行业资本总额} \times 100\%$$

（2）绩效竞争力。绩效竞争力主要在具体保险公司之间或经营同类保险业务的保险公司之间进行比较，其二级指标为赢利能力、偿付能力、经营能力。根据会计采用的标准核算制度，赢利能力可以通过资产利润率、净资产收益率以及保费收入利润率来表现。

资产利润率从一个角度表现了某单位的赢利能力，也可以反映出保险公司的资产配置效率。其计算公式为：

$$资产利润率 = \frac{某单位的净利润}{年平均资产} \times 100\%$$

净资产收益率反映的是保险公司资产运作水平的高低。一般认为，净资产收益率越高，保险公司自有资本获取收益的能力越强，运营效率越好。该指标是评价保险业自有资本及其积累获取报酬水平最具代表性与综合性的指标。其计算公式为：

$$净资产收益率 = \frac{某单位的净利润}{年平均净资产} \times 100\%$$

保费收入利润率反映的是保险公司承保及发展潜力。其计算公式为：

$$保费收入利润率 = \frac{某单位的净利润}{某单位的保费收入} \times 100\%$$

反映绩效竞争力的第二项指标为偿付能力。偿付能力定义为实际资产减去实际负债，实际资产为总资产减去非认可资产，实际负债为总资产减去实收资本金、资本公积、盈余公积、未分配利润后的余额。它可以用资产负债率、资本充足率、肯尼系数、流动比率来表现。

资产负债率的大小反映了保险公司偿债能力的高低，相对负债来说，资产越多，保险公司的偿债能力越强。其计算公式为：

$$资产负债率 = \frac{负债总额}{总资产} \times 100\%$$

资本充足率指标反映保险公司的抗风险能力，保险公司资本金不足不仅会影响保险公司的承保能力和偿付能力，而且还会严重削弱保险公司的竞争力。因此，资本充足率越高，表明公司的抗风险能力越强，竞争力越强。其计算公式为：

$$资本充足率 = \frac{某单位的净资产}{某单位的总资产} \times 100\%$$

肯尼系数，也称为承保能力比率，是影响保险公司偿付能力最重要的因素。保险公司的经营规模必须与实际资本金相适应。资本金越大，其承保能力和偿付能力才越强，才能承保更多的业务，承担较大的风险。其计算公式为：

$$肯尼系数 = \frac{某单位的自留保费}{某单位的资本金 + 公积金} \times 100\%$$

流动比率是指保险公司能迅速变现的流动资产占准备金总

额的比例，反映了保险公司的短期偿付能力。通常流动性比率应不低于1。其计算公式为：

$$流动比率 = \frac{某单位的流动资产}{某单位的流动负债} \times 100\%$$

反映绩效竞争力的另一项重要指标是经营能力。经营能力可以用资金运用率、投资收益率、退保率（寿险）、赔付率（非寿险）来表现。

资金运用率能够反映公司的资金运用程度。目前保险投资已成为保险业的支柱，使保险公司的资金可以得到有效利用，有利于加快资金积累，是提高保险公司偿付能力和竞争力的重要途径。其计算公式为：

$$资金运用率 = \frac{资金运用平均额}{总资产} \times 100\%$$

投资收益率是反映保险公司资金管理水平和资金运用效益的重要指标。保险公司的资金运用率及投资收益率决定保险公司竞争力的强弱。其计算公式为：

$$投资收益率 = \frac{净投资收入}{资金运用平均额} \times 100\%$$

退保率反映了在保单承保的初期会发生大量的费用支出，这会使期初的费用无法摊回，造成费用净损失。另外，退保的发生容易影响保险公司现金流的稳定性，大规模的退保还可能引起保险公司的信用危机，从而影响保险公司的竞争力。其计算公式为：

$$退保率 = \frac{退保金额}{保费收入} \times 100\%$$

赔付率是考核非寿险和短期人身险业务质量、反映承保政策的重要指标。赔付率越高，公司赢利越少，竞争力越弱。其计算公式为：

$$赔付率 = \frac{净赔付支出}{净保费收入} \times 100\%$$

（3）结构竞争力。市场集中度反映了该行业市场的结构，结构的稳定性对竞争力的大小有一定的影响。市场结构相对稳定，该行业的竞争力就相对较强。其计算公式为：

$$市场集中度 = \frac{行业大中型保费收入}{行业全部保费收入} \times 100\%$$

2. 保险产业潜在竞争力指标体系

反映保险产业潜在竞争力的指标体系如表8－2。

表8－2　保险产业潜在竞争力指标体系

一级指标	二级指标	三级指标	计算公式
保险公司潜在竞争力	潜在发展能力	总资产增长率	(本年末总资产－上年末总资产)/上年末总资产×100%
		承保能力剩余	4－自留保费/(实收资本＋公积金)
		保费收入增长率	当年保费增长额/上年保费收入×100%
		员工培训投入率	员工培训费用/保费收入×100%
	开发创新能力	研究开发投入率	研究与开发投入费用总和/总保费收入×100%
		新险种开发率	(在研新险种数＋储备新险种数＋新险种投放市场数)/现有市场总险种数×100%
		新险种保费收入率	新险种总保费收入/总保费收入×100%

说明：承保能力剩余指标计算公式中数字"4"的由来：根据《保险法》的要求："经营财产保险业务的公司，当年自留保费不得超过其实收资本与公积金之和的四倍。"因此，对于财产险公司的临界值为400%，寿险公司的经营规模与实际资本金也应有比例关系，但是国家尚未对其做出具体的规定。

（1）反映潜在发展能力的指标。反映潜在发展能力的指标有四项：总资产增长率、承保能力剩余、保费收入增长率、员工培训投入率（见图8－4）。

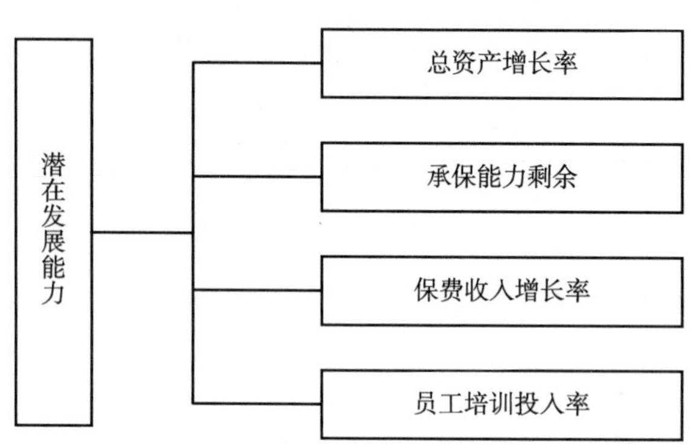

图8－4　保险产业潜在竞争力指标体系

总资产增长率的高低反映了保险公司的未来发展能力。总资产增长率越大，说明保险公司的可运用资金越多，承保能力越强。计算公式为：

$$总资产增长率 = \frac{本年末总资产 - 上年末总资产}{上年末总资产} \times 100\%$$

承保能力剩余反映了保险资源的利用程度和承保能力。实收资本与公积金总和的4倍是保险公司的自留保费的最大限度，在限度内可以充分地利用保险资源。自留保费太少，说明资源浪费，承保潜力较大；自留保费太多，说明风险太大。其计算公式为：

$$承保能力剩余 = 4 - \frac{自留保费}{实收资本 + 公积金}$$

保费收入增长率是保险公司组织经济补偿和给付活动的前提，保费收入增长率越高，表明公司的持续发展能力越强。其计算公式为：

$$\text{保费收入增长率} = \frac{\text{当年保费增长额}}{\text{上年保费收入}} \times 100\%$$

员工培训投入率反映保险公司在员工培训方面的投入力度，它直接影响企业员工素质的提高和保险公司的发展潜力。其计算公式为：

$$\text{员工培训投入率} = \frac{\text{员工培训费用}}{\text{保费收入}} \times 100\%$$

（2）反映开发创新能力的指标。反映开发创新能力的指标有三项：研究开发投入率、新险种开发率、新险种保费收入率。

研究开发投入率反映保险公司用于新险种开发和公司技术手段提升的费用，同时反映了公司对新产品开发的重视程度和对市场的开拓能力，直接影响新险种的开发速度和经营技术水平的提高。其计算公式为：

$$\text{研究开发投入率} = \frac{\text{研究与开发投入费用总和}}{\text{总保费收入}} \times 100\%$$

新险种开发率反映了保险公司新险种的开发能力。其计算公式为：

$$\text{新险种开发率} = \frac{\text{在研新险种数} + \text{储备新险种数} + \text{新险种投放市场数}}{\text{现有市场总险种数}} \times 100\%$$

新险种保费收入率反映保险公司新险种开发的成效，比率

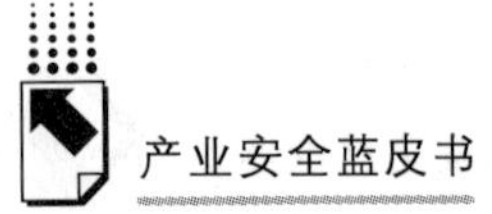

越高，说明新险种为公司带来的保险费越多，新险种开发对公司的贡献越大。

$$新险种保费收入率 = \frac{新险种总保费收入}{总保费收入} \times 100\%$$

（三）保险产业对外依存度评价

保险产业对外依存度是指我国保险业受外资保险企业或中资保险企业外资业务的影响程度，可以分为保险产业业务出口对外依存度、保险产业业务进口对外依存度和保险产业资本对外依存度（见表8－3）。

表8－3　保险产业对外依存度评价体系

一级指标	二级指标	计算公式
保险产业对外依存度评价	保险产业业务出口对外依存度	海外业务保费/总保费收入×100%
	保险产业业务进口对外依存度	海外对内业务保费收入/总保费收入×100%
	保险产业资本对外依存度	海外资本/资本总额×100%

保险产业业务出口依存度是指我国保险产业在国外的保费收入占我国保险产业总保险收入的比重。其数值越大，说明我国保险产业对外依存度越高。如果不能掌握控制权，则会危及我国保险产业发展的安全。其计算公式为：

$$保险产业业务出口对外依存度 = \frac{海外业务保费}{总保费收入} \times 100\%$$

保险产业业务进口对外依存度是指在我国工商机关注册的外资独资、合资企业的中国业务保费占保险行业保费收入的比重。其数值越大，说明外资在我国发展越强势。其计算公式为：

$$保险产业业务进口对外依存度 = \frac{海外对内业务保费收入}{总保费收入} \times 100\%$$

保险产业资本对外依存度是指海外资本占我国保险业资本总额的比例。该值越大，我国保险产业与海外资本市场联系越紧密，越容易受海外经济的影响。其计算公式为：

$$保险产业资本对外依存度 = \frac{海外资本}{资本总额} \times 100\%$$

（四）保险产业控制能力评价

保险产业控制能力是指我国保险产业对我国保险市场实施主动控制权和自主发展权的能力，可从外资市场控制度、外资股权控制度、主要城市外资投资控制度以及外资资产控制度进行考核（如表 8－4）。

表 8－4 保险产业控制力评价指标体系

一级指标	二级指标	三级指标
保险产业安全控制力指标	外资市场控制度	
	外资股权控制度	外资产险公司持股比例
		外资寿险公司持股比例
		外资再保险公司持股比例
	主要城市外资投资控制度	
	外资资产控制度	

外资市场控制度主要是从市场份额方面进行分析，反映我国保险业对外资保险市场份额的控制能力，用外资市场份额占

有率来衡量，其计算公式为：

$$\text{外资市场份额占有率} = \frac{\text{外资保险公司在我国的保费收入}}{\text{行业总保费收入}} \times 100\%$$

外资股权控制度用外资股权控制率来表示，外资股权控制度指的是外资保险公司所有者权益在我国保险业所有者权益中所占的比重。其计算公式为：

$$\text{外资股权控制率} = \frac{\text{外资在华保险公司所有者权益}}{\text{保险行业所有者权益}} \times 100\%$$

主要城市外资投资控制度是从区域的角度分析保险产业的控制力，反映我国保险业在主要城市的发展态势。其计算公式为：

$$\text{某城市外资投资控制度} = \frac{\text{某城市外资投资额}}{\text{某城市投资总额}} \times 100\%$$

外资资本控制度是指外资保险公司的资本总额在我国保险业资本总额中所占的比例。其计算公式为：

$$\text{外资资本控制率} = \frac{\text{外资保险公司资本总额}}{\text{我国保险业资本总额}} \times 100\%$$

第二节　保险产业安全评价模型

一　评价模型的构建

保险产业安全评价模型的构建，是建立在借鉴全球最具权威的关于产业国际竞争力的研究机构——瑞士洛桑国际管理发

展学院（International Institute of Management & Development，IMD）和世界经济论坛（World Economic Forum，WEF）整合国际竞争力的多指标体系的方法之上的。目前学术界关于经济安全和产业安全的研究文献大都是以这一方法来整合相关的指标变量的，并以此为基础进一步构建评价模型。

保险产业安全评价模型为：

$$S = \alpha X + \beta Y + \gamma Z + \delta W \quad (8-1)$$

式中：S——保险产业安全度；

X——保险产业国内生存环境评价值；

Y——保险产业国际竞争力评价值；

Z——保险产业对外依存度评价值；

W——保险产业控制力评价值。

α，β，γ，δ 分别为各一级指标的系数，为专家评估权值。

$$X = \sum a_i x_i \quad (8-2)$$

$$Y = \sum b_j y_j \quad (8-3)$$

$$Z = \sum c_k z_k \quad (8-4)$$

$$W = \sum d_l w_l \quad (8-5)$$

说明：i，j，k，$l=1$，2，3，…，n。

x_i，y_j，z_k，w_l 分别为各一级指标下的二级指标，其前面的系数 a_i、b_j、c_k、d_l 则分别为对应指标的权值。

把以上（8－2）～（8－5）式代入（8－1）式，可以得出：

$$
\begin{aligned}
S &= \alpha X + \beta Y + \gamma Z + \delta W \\
&= \alpha \sum a_i x_i + \beta \sum b_j y_j + \gamma \sum c_k z_k + \delta \sum d_l w_l \\
&= \alpha (x_1 \cdots x_n) \begin{pmatrix} a_1 \\ \cdots \\ a_n \end{pmatrix} + \beta (y_1 \cdots y_n) \begin{pmatrix} b_1 \\ \cdots \\ b_n \end{pmatrix} + \gamma (z_1 \cdots z_n) \begin{pmatrix} c_1 \\ \cdots \\ c_n \end{pmatrix} + \delta (w_1 \cdots w_n) \begin{pmatrix} d_1 \\ \cdots \\ d_n \end{pmatrix}
\end{aligned}
$$

其中，$\alpha + \beta + \gamma + \delta = 1$；$\sum a_i = 1$；$\sum b_j = 1$；$\sum c_k = 1$；$\sum d_l = 1$

根据以上公式，就可以定量地计算出整体的保险产业安全度，但必须合理地对各个指标赋权值。

二　赋值方法

赋值是指对构成评价体系的二级、三级指标，根据其评价结果给予相应的评价值。

首先，把各项二级、三级指标的评价结果分为：很好、较好、一般、较差、很差；然后按百分制分别给予相应的评价值：90 分、70 分、50 分、30 分、10 分。

三　赋权方法

我们使用多指标变量加权平均的方法来整合保险产业安全的评价指标。所谓赋权是指对一级指标赋权，以及对反映同一一级指标的二级、三级、四级指标赋权。对于含有四级指标的，如上述提到的保险产业国际竞争力的评价，根据实际情况进行赋值，对于二级、三级指标我们认为其重要性大致相同，因而我们赋予相同的权重，但同一个一级指标下的所有二级指标、三级指标、四级指标权重之和等于 1。

然后，对一级指标赋权，即对保险产业国内环境、保险产业国际竞争力、保险产业对外依存度和保险产业控制能力分别赋予一定的权重，四者权重之和等于1。

我们按照重要程度对一级指标赋予相应的权重。对各一级指标来说，由于目前存在世界贸易组织以及其他有关的双边或多边协议的约束，各国保险产业是否安全主要看其国际竞争力，因而保险产业国际竞争力类指标的重要性最强。我国保险业目前是一个发展极为不成熟的行业，国内市场出现很多急需解决的问题。要想带动我国保险业的发展，需要引进一些外资，刺激保险业的竞争，完善产业国内环境，因此我们认为保险产业控制类指标和保险产业国内环境类指标的重要性大体相同。就产业的对外依存度而言，虽然目前我国保险市场还是中国保险企业占据绝对比例，但是外资已经渗透到了中国的各大保险公司和我国的一线、二线城市，所以我们认为这类指标与保险产业控制类指标、保险产业国内环境类指标的重要性也大体相同。因此，我们对保险产业国内环境、保险产业国际竞争力、保险产业对外依存度和保险产业控制能力四类指标赋予的权重分别为0.2、0.4、0.2和0.2。

B.9

中国保险产业安全状况评价

2007 年美国爆发的次贷危机进而演变为全球性金融危机，由于我国保险市场国际化程度相对较低，此次危机对中国保险业的影响相对有限，但是“保险巨擘”——AIG（American International Group）受到金融风险的波及，顷刻之间濒临倒塌，这一事实要求我们不得不重视我国保险产业的安全生存与发展问题。

第一节　中国保险产业国内环境评价

一　我国保险业面临的金融环境

2009 年，受国际金融危机严重冲击的影响，我国经济发展遇到严重困难。面对极其复杂和严峻的国内外形势，我国坚持积极的财政政策和适度宽松的货币政策。在危机面前，我国金融市场融资量大幅增加，交易量创历史新高，市场结构进一步优化，投融资、价格发现及保值等功能得到了较好的发展。

初步统计，2009 年我国 GDP 增长 8.7%，对世界经济增长的贡献超过 50%。我国国内金融环境总体平稳。

（一）我国宏观金融环境适度宽松

1. 货币供应量增长较快

2009 年，广义货币供应量（M2）余额为 60.62 万亿元，同比增长 27.6%，增幅比上年末高 9.8 个百分点。

2. 金融机构人民币各项贷款快速增长

2009 年，金融机构人民币各项贷款余额为 39.97 万亿元，同比增长 31.74%，增幅比上年末高 13.01 个百分点。

3. 存贷款基准利率保持稳定

在自 2008 年 9 月以来五次下调贷款基准利率的基础上，2009 年利率政策保持稳定。

（二）金融体系平稳健康发展

第一，2009 年，金融机构与相关主管部门通力合作，加强对银行业、证券业和保险业系统性风险的监测评估，密切监测交叉性金融工具的风险，配合监管部门处置非法集资事件，进一步加强金融稳定再贷款和委托处置资产管理，共同促进了我国金融体系的平稳健康发展。

第二，保险业的整体实力明显提升，其在金融市场中的地位和作用逐步提高。2009 年，保险公司的总资产为 4.06 万亿元，较年初增长 21.59%；保险资金运用余额为 3.7 万亿元，较年初增长 8.8%。

第三，直接融资占比进一步提高，信贷结构进一步优化。2009 年，直接融资占比为 19.5%，较 2008 年的 17.6% 提高了 1.9 个百分点；信贷结构进一步优化，不断加大对“三农”和中小企业等经济薄弱环节的支持力度，较好地满足了实体经济对信贷资金的合理需求，金融服务国民经济发展的总体能力进一步提高。

二 保险产业的市场需求环境

（一）保险意识的加强，为保险业需求提供了广阔的市场

后危机时代，人们保险的需求意识在不断增强。人们意识到只有必要的保险才能抵御不期而至的风险，才能应对不测风云。另外，危机的经历，冲击了人们传统的理财模式、观念。人们意识到不能单纯地把钱存到银行，也不能把钱全部投到可能有高回报、高风险的股市里面去，必须进行合理科学的配置。总之，保险意识的加强，理财模式和观念的转变，将为保险业需求市场打开广阔的空间。

（二）消费模式的变化，带来了我国保险需求的增长

在后危机时代，随着出口拉动作用的削弱，消费对经济增长的作用将会明显地体现出来，扩大内需是未来时期持久的政策选择。转变消费模式、促进消费升级将是广大消费者未来必然的要求。保险在扩大需求中具有三方面的作用：第一，保险业的发展能够有效发挥对社会保障的补充作用，有利于解除人们对未来生活的后顾之忧；第二，促进当前消费的扩大；第三，保险产品本身也是人们提高消费水平、实现消费升级的重要组成部分，将带来保险信用的扩大和增加。因此，后危机时代，消费模式的变化对保险业的发展提出了更高的要求，同时增加了人们对保险的需求。

（三）出口受挫，增加了对出口信用保险的需求

面对外需急剧大幅萎缩的严峻形势，党中央、国务院果断出台了一系列应对措施，其中一项重要内容就是完善出口信用保险政策。政策性出口信用保险是国际通行的促进出口的金融工具。当前，我国经济形势企稳向好，但经济回升的基础还不够稳固，特别是国际经济走势仍不明朗，外需严重萎缩的局面还在继续，出口下降仍是我国经济发展中的主要矛盾之一。在当前形势下，出口信用保险对巩固订单、稳定外需、促进出口具有明显的杠杆作用。

三　保险产业政策环境

保险产业政策环境包括自然环境和社会环境两大部分。在政策环境的诸多因素中，社会经济状况、保险产业方面的法律法规对保险产业的影响最大。

（一）我国社会经济状况

后危机时代，以中国、印度为代表的亚洲经济体在危机中正在迅速地崛起，以中国为例，首先，人民币国际化的进程加快，在全球金融业中的地位、作用和影响力在不断地提高。其次，危机后跨国金融机构进一步实施全球化战略，亚洲金融机构进一步开放，将为中国的金融机构走向国际金融市场留出很大的空间。再次，上海等区域金融中心受益于中国经济的发展受到更多的关注，有成为全球金融中心的潜力。最后，中国与亚洲监管当局将代表新兴的金融利益参与全球新型金融监管的决策和讨论。

（二）我国保险政策法律法规

经历金融危机之后，我国保险业在法律、部门规章、规范性文件方面做了很多努力。在法律方面，2009 年 2 月 28 日，我国修订了《中华人民共和国保险法》，拓宽了保险资金的投资渠道，允许保险公司投资不动产。同时，对保险合同、保险公司、保险经营规则、保险代理人和保险经纪人以及保险业监督管理方面做出了详细具体的规定，使我国保险业能够随着经济的变化而稳定安全地发展。在部门规章制度方面，对具体保险公司的运营以及保险公司股权管理方面进行了详细阐述，保障了我国保险业股权方面的安全。

第二节　中国保险产业国际竞争力评价

全球金融危机让我们意识到全球经济联系的紧密性。国际竞争力是影响保险产业发展的重要因素，也是评价保险产业发展是否安全的重要因素之一。竞争力的分析涉及现有国际竞争力和潜在国际竞争力，在本节中我们主要对现有国际竞争力进行分析。

一　保险产业现有的国际竞争力分析

保险产业的国际竞争力是保证我国保险业健康安全发展的核心能力，因此正确评价后危机时代我国保险产业现有的国际竞争力，对认识当前我国保险产业的安全问题具有至关重要的作用。

（一）市场竞争力

1. 市场份额占有率

2008年，世界范围内实现保费收入4.27万亿美元，中国内地实现保费收入1408亿美元，占世界总保费收入的3.3%，居世界第六位（见图9-1）。

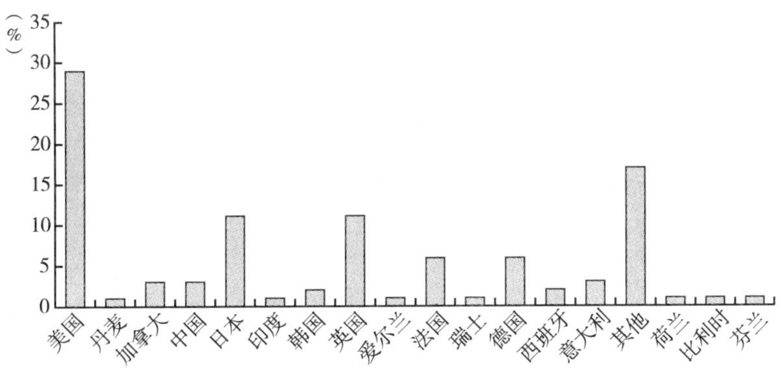

图9-1　2008年世界保险市场占有率分布

2. 保险密度

保险密度是指按当地人口计算的人均保险费额，反映了一个国家参与保险的程度，以及一国国民经济和保险业的发展水平。图9-2显示了2008年世界各国保险业的保险密度水平。2008年我国保费收入世界排名第4，其保险密度水平与保险业发达的北美、欧洲国家以及亚洲的日本和韩国相差甚远，造成此局面可能存在的原因在于：第一，我国人口基数大；第二，我国保险产业处于初级发展阶段，覆盖人群比较狭窄，从一个侧面反映了我国保险业发展模式的不协调性。

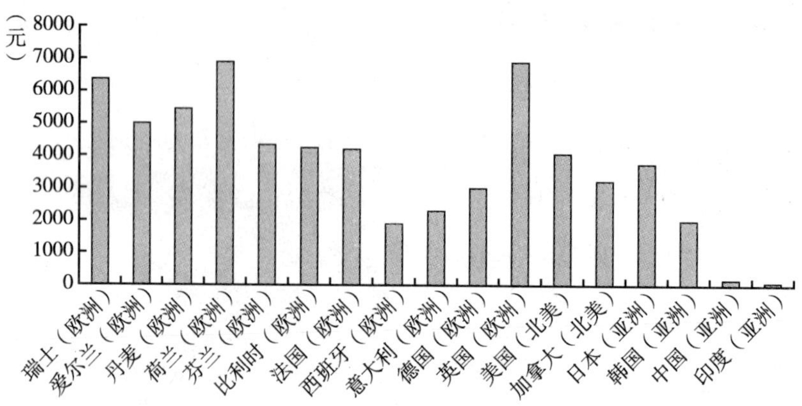

图 9-2　2008 年世界各国保险密度水平比较

资料来源：根据 2009 年《中国保险年鉴》数据整理而得。

3. 保险深度

保险深度是指某地保费收入占该地国内生产总值（GDP）之比，反映了该地保险业在整个国民经济中的地位。保险深度取决于一国经济总体发展水平和保险业的发展速度。图 9-3 反映了世界各国的保险深度。

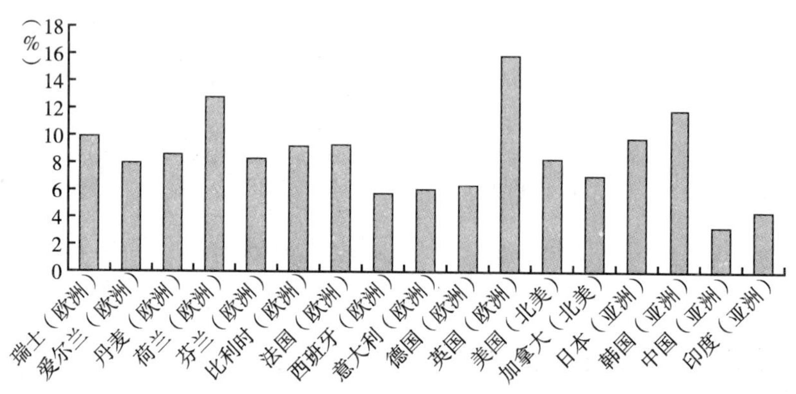

图 9-3　2008 年世界各国保险深度水平比较

资料来源：根据 2009 年《中国保险年鉴》数据整理而得。

4. 资源配置效率

权益类投资收益仍是中资保险公司赢利的决定性因素。目前保险行业正面临“投资环境的恶化”，作为主业之一，投资业务短期内正面临风险，从中长期来看，投资环境较好，但需进一步明确投资渠道拓宽等政策。

（1）权益类受损。自2010年4月16日资本市场出现了明显下跌以来，截至5月28日，资本市场下跌幅度已达到16%，在短时间内出现的明显下跌，给保险资金构成了明显的压力。2010年以来，沪深300指数在第一季度下跌了7%，A股市场的单边下跌，使保险资金权益类投资蒙受损失。由于股市不稳，三家保险公司目前均出现不同程度的浮亏，使利润受损，这是保险行业目前面临的主要风险。

（2）债券市场。2010年以来，债券收益率明显下行，尤其是企业债的收益率，保险公司新增资金收益率从4.29%下降至3.76%，下降幅度为53个基点；5月，债券收益率继续小幅下跌，10年期国债和AAA企业债收益率，较上月均小幅下降了11个基点。

与债券收益率密切相关的部分保险产品，如万能险的结算利率，也在同期有所下行，如平安人寿已将万能险结算利率从2010年初的4.5%下降至4月的4.125%，5月进一步下调至4%，与中国人寿、泰康人寿保持相同的利率水平，成为市场上主要七家寿险公司中结算利率最高的三家，但总体来说，债券利率的下行幅度，已经超过了万能险结算利率的下行幅度。

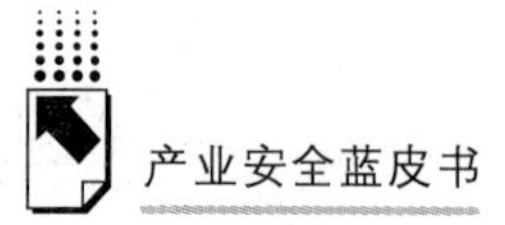

但与此同时，2010 年以来国债与企业债指数分别上升了 0.36 和 0.77，安信证券报告认为，保险资金部分债券浮盈，可“部分弥补”权益投资上的损失；企业债的到期收益率仍然处在上升区间。

保费收入的持续增长，给保险公司带来了充足的投资资金，其中寿险保费是增长主力。历史数据显示，2009 年寿险业总保费收入达到 8144 亿元，同比增长 11%，2001 年以来，仅 2004 年寿险保费增速低于这一水平。另据招商证券（香港）预测，中国保费收入未来 5 年有望保持年均 15% ~20% 的较高增速，保险行业总资产有望 3 年内翻番，即到 2012 年底将突破 8 万亿元。

投资资金的日益充裕，使保险企业面临更为严峻的资产配置压力。目前权益类投资已经扩容，固定收益类投资有向好趋势，基建项目的债权投资计划以及不动产投资等政策面的投资渠道拓宽，成为保险市场的一大期待。

第三节　中国保险产业控制力评价

保险产业控制力是指保险产业的控制权、主动性，其强弱将会严重地影响保险产业的安全生存与发展。在上面的对外依存度分析中我们可以看出，虽然由于政府及经济政策的影响，我国的保险产业对外依存度不是很大，但是我们看到一种趋势——外资保险在积极地从深度和广度上扩大在中国的市场。随着对外开放程度的加深，国际交流的日益密切，

外资保险会逐渐适应中国保险市场环境，与我国本土保险产业展开激烈竞争。因此，掌握产业控制权、主动权是我们必须要重视的问题。结合后危机时代保险产业的发展，分析后危机时代我国的保险产业控制力，主要从外资保险公司的市场控制度、外资股权与资本控制度、主要城市外资发展控制三方面进行阐述。

一　外资保险公司的市场控制度

2009 年是后危机时代最困难的一年，全球经济处于动荡与低迷状态。2009 年在人寿保险公司原保险保费收入中，中资寿险公司原保险保费收入为 7717.93 亿元，市场份额为 95%；外资寿险公司原保险保费收入为 426.27 亿元，市场份额为 5%（见图 9－4）。这说明在寿险市场上，中资寿险具备优势，但是中资寿险发展结构是不容乐观的。通过比较可以得出以下结论：第一，从总体上讲，中资寿险在寿险市场中占绝对份额，但是其发展结构极为不协调；第二，在中资寿险市场上，国寿股份、平安寿险、太保寿险、泰康寿险、新华寿险、人保寿险、太平人寿、国泰存续 8 家公司占据中资保险市场的绝对份额，支撑着整个中资市场的发展，其他中资保险公司市场占比不容乐观，因此存在着不稳定的因素，最终会影响产业发展与安全；第三，在外资寿险市场上，从占比数额来看，外资处于劣势，但从其整体发展结构来看，28 家外资公司中的 18 家公司在中国寿险市场上占到了一定的市场份额。通过深入分析发现，外资寿险公司在中国寿险市场的触角不断延伸，政策的引导、经济的发展及外资保险公司本身的优势，一旦适应了中国的市场环境，其发展态势是需要我们谨慎对待的。

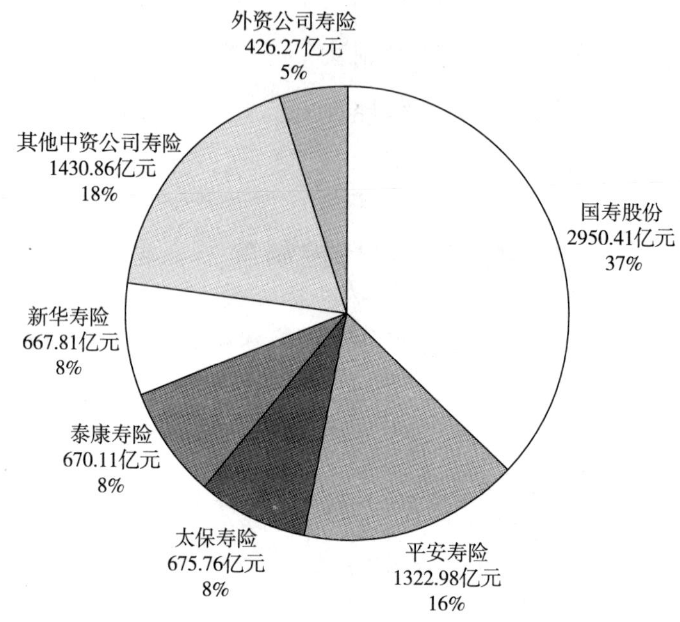

图 9－4　2009 年寿险市场份额占比

资料来源：2010 年《中国保险年鉴》。

从市场份额来看，我们从占比数额上拥有绝对的控制权，但是从整体发展结构与态势来看，我们的控制权受到了威胁。

2009 年在财产险公司原保险保费收入中，中资财产险公司原保险保费收入为2961.14 亿元，市场份额为99%；外资财产险公司原保险保费收入为 31.75 亿元，市场份额为 1%（如图9－5 所示）。相对中国寿险市场而言，中国财险市场结构相对稳定，虽然人保股份占绝对优势，但是其他财险公司的发展

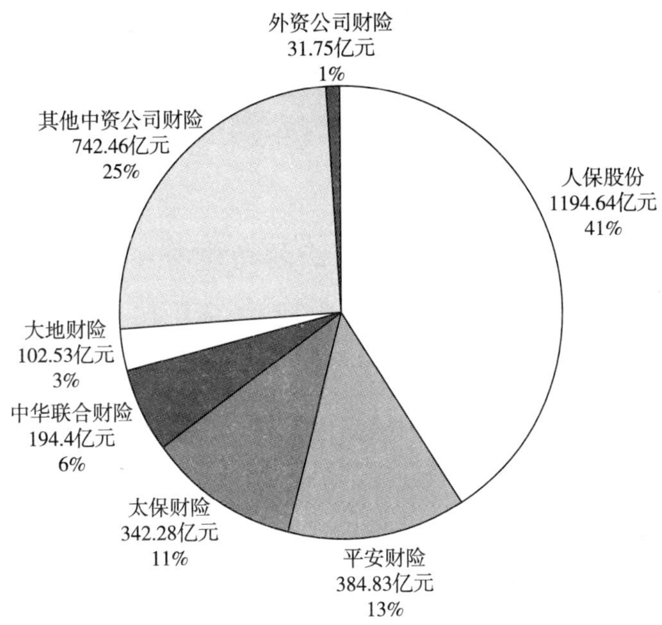

图 9－5　2009 年财险市场份额占比

也趋于一种稳定状态；在外资财险市场上，各外资财险公司占市场份额数目不大，但市场份额占比差距相对较小，与寿险市场相同，需要警惕外资财险的崛起。

二　外资股权与资本控制度

从外资股权控制度分析，截至 2008 年年底，我国保险公司全部所有者权益为 4976.56 亿元，其中中资保险公司所有者权益为 4768.46 亿元，占 95.82%；外资所有者权益为 208.10 亿元，占 4.18%。外资保险在我国保险市场上没有相对控制权。

从外资资本控制度分析，我国保险行业总资产达到

54526.80亿元，其中中资保险公司总资产为53050.30亿元，占97.29%；外资保险公司总资产1476.50亿元，占2.71%。外资的资本所占份额相对较少，暂时不会对我国保险产业资本控制度构成威胁。

另外，从2008年实现净利润的角度分析，中资保险公司有60.3%处于亏损状态，外资保险中的友邦（广东）实现净利润1.59亿元，瑞士再保险公司（北京）实现净利润0.90亿元，在中国所有保险公司中处在第18名和第19名的位置。这在一定程度上说明外资保险公司虽然在我国保险业中不处于控制地位，但是外资保险在中国保险市场上的力量不容小觑。

三　主要城市外资发展控制

外资保险公司进入中国与中国发展经济政策类似，首先进入经济特区，然后是沿海经济地区。如首先进入上海、深圳等经济迅速发展地区，进而向中国内陆一线城市如北京，二线城市成都、重庆等地发展。

北京是保险业对外资开放较晚的城市，2008年信诚人寿进入，2009年瑞泰人寿、美国大都会人寿将总部设在北京，接着中宏保险、中意人寿、中英人寿、光大永明等数家外资、合资保险公司接踵登陆。

进驻北京的外资保险公司培训出的代理人都有很高的“人均产能”。以美国大都会人寿保险公司和首都机场集团公司合资组建的大都会人寿为例，2009年3月25日开业，50位从未有过寿险从业经验的业务经理，第一个月就销售保单430

件，人均销售保单8.5件，其平均产能为寿险同业月人均销售保单1.3件的6倍以上，人均保费高达25000元，件均保额23万①。

2009年，虽然外资保险在全国的市场份额仅为3.9%，其中外资寿险份额5%，外资财险份额1%。而在上海市场上，上海保监局统计数据显示，2009年1~11月，外资保险在上海保险市场上的份额为17%，较2008年同期上升1个百分点。其中，外资寿险实现原保费收入89.2亿元，同比增长19.6%；外资财险实现原保费收入12.35亿元，同比下降23.2%。

寿险市场上，外资寿险总体取得近20%的增长水平，但是，由于外资寿险受制于寿险业务结构调整的影响，随着“银保+投资型险种”的渐退，上海外资寿险也逐渐显现出保费增长的后劲乏力，有5家外资寿险负增长，其中太平洋安泰人寿下降13%，中保康联下降47%，海康人寿下降62%，联泰大都会人寿下降26%，招商信诺人寿下降53%。

保监会有关人士指出，从总体上看，外资寿险的业务规模和赢利水平保持稳步增长的态势，外资寿险销售的保障型产品比例明显提升，新单期缴率有所上升，业务对银行保险渠道的依赖逐渐减小。但外资寿险较小的业务规模也容易导致利润的较大波动。

---

① 豆丁网：《外资保险抢占北京市场》，2010-06-18，http://www.docin.com/p-35105521.html。

财险市场上，外资财险深受金融危机的冲击，沪上外资财险整体出现负增长。2009 年，美亚财险下降 10.9%，东京海上下降 18.62%，韩国三星保险下降 59.25%，三井住友下降 10.41%，太阳联合下降 32.27%。

外资财险的两大业务支柱是本国企业业务和货运险业务。但国内出口减速、物价上涨等压力使得外资企业受到较大影响，抑制了保险需求的增长。同样，货运险业务也随着外贸减少而相应萎缩。

普华永道发布的《2009 年外资保险公司在中国》调查报告显示，2009 上半年，外资保险公司在华市场份额均在下降，为近 5 年来最低。此外，面对业务现状以及外部政策环境，外资寿险已将市场期望占有率从 2008 年的 10% 下调至 8%。

外资保险公司在中国保险市场上的发展变化，使我们认识到：一方面，外资保险公司受金融危机的影响，在我国的发展遇到了一定的阻力，出现了一定程度的倒退；另一方面，外资公司在逐渐调整发展对策与结构，坚定了进入中国保险市场的决心，并且在积极努力进入中国保险市场。

从发展的力度来看，北京外资公司的发展，让我们充分意识到外资保险进驻中国市场在给我们带来机遇的同时也带来了安全隐患，注重保险产业安全生存与发展是我们必须要面对的问题。

从发展广度上讲，外资保险公司的触角在逐渐延伸。外资保险公司主要涉及寿险及非寿险业务。受金融危机影响，美国最大的健康险公司 Well Point 在华全资公司康众（上海）企业

咨询服务有限公司总裁兼首席执行官约翰·杜梅卡表示，海外购买健康险能力在逐渐减弱，加大对中国市场的投入，是一个非常好的多元化元素。Well Point 公司正面向中国市场积极寻找合作伙伴①。

综上分析，金融危机过后我国保险业的国内市场环境存在着机遇和挑战。从目前环境来看，机遇大于挑战，保险业需要抓住此次机遇，重视其发展过程中存在的问题，注意自身产业的调整及创新，以保证其今后健康安全发展。虽然目前在中国保险市场上，中资保险企业占有相对优势，但是其现状不容乐观。结合我国保险业在国际中的竞争力，我们能够清楚看到，外资保险虽然在一定程度上受金融危机的影响，但是其目前面临的问题主要是在与保险有关的金融衍生品上，其本身的主要保险业务仍然运行良好，并且外资保险本身存在的优势如资本规模庞大、保险业务经营成熟且注重创新、保险业监管相对完善等不容我们过于乐观。因此，针对我国保险业的发展状况，抓住中国保险在危机中的机遇，一方面注重自身产业结构、经营模式的调整，另一方面学习借鉴外国保险成功有用的经验，吸取其在危机中得到的教训，保证我国保险业稳定、健康、安全地发展。

---

① 《外资保险青睐中国市场》，2010 - 06 - 18，http://www.docin.com/p - 8796988.html。

B.10
保险产业特征引发的安全问题

第一节　来源于保险业系统的因素

行业竞争、市场风险、法律条文、行业监管等是保险业的一类风险源头。保险体系中由于存在着不同的利益主体，在某种经济环境下可能会作出不同的市场反应。如果保险体系中的各个主体没有形成有利于国内经济发展的合力，没有起到支撑国内经济增长的中介作用，则有可能使保险体系在运行中使国民的整体福利水平下降。这本身也是一种不安全现象。

另外，各类保险公司作为保险体系运行中的主体，其管理和决策的水平不但直接影响本公司发展的兴衰成败，还影响整个保险体系的经营业绩和安全状况。由于不同国家保险业的管理水平各不相同，因此，其保险体系运行过程中的安全程度也各不相同。

此外，在经济全球化的大背景下，外资大量进入保险产业，诚然，不否认外资以及外资保险公司的进入为东道国保险产业实力的壮大、先进技术的学习、经营和决策水平的提高发挥了一定的作用，但带来的更多挑战也必须受到重视，影响保险产业安全的外部因素逐渐增多，并且随着开放进程的加快，外部影响因素也会越来越多。如果外资在保险体系中占主导地

位，保险体系的安全也将在“经济主权”意义上受到威胁和损害。

第二节　来源于保险业自身的因素

保险是一种建立在大数定律之上，为成千上万的企业、家庭和个人转移风险的机制。作为分散风险和转嫁风险的一种基本手段，保险得到了广泛的应用和飞速的发展，已经成为各国经济领域中的一个重要组成部分。作为集合与分散风险的专业管理机构，保险公司的经营对象是风险，同时，其本身经营也有风险，形成了双重风险，这是保险公司最重要的区别于其他企业的特点。保险公司自身的特点决定了其在业务经营过程中所面临的风险远远大于其他企业。目前，我国已有的分析结论显示出我国保险企业的高风险性，中国保险业仍处于寿险业与非寿险业行业风险皆高的“双高”状态。

保险业的高风险性主要表现在三个方面。首先，经营对象的特殊性决定了保险业是经济运行中纯粹风险汇集的一个高风险行业，以风险为经营对象的保险公司是金融经济的重要组成部分。随着保险业、银行业、证券业混业经营的大势所趋，各产业间的联系越来越紧密，在促进金融业快步前进的同时，风险也同时存在，不仅可能由于保险业风险管理的失误对其他行业产生风险冲击，同时也可能受到其他金融风险的影响，陷入保险偿付危机。

其次，保险契约签约人的特殊性决定了保险公司风险承担主体的多元化。保险公司契约的签约人，不仅是要承担风险的保险公司的股东、债权人，投保人、经营者以及保险保障基金同样要承担极大的风险。但理论与实践证明，保险市场中道德风险及逆向选择现象相当普遍。逆向选择风险增加了保险人的承保风险和赔付成本，增加了交易费用，增大了保险人厘定保险费率的难度，极大地影响了保险公司预期利润的实现和经营的持续性，最终将影响保险功能的发挥，阻碍保险业的发展。

最后，营运流程的特殊性决定了保险公司危机爆发的严重性。保险公司作为一种风险经营型企业，其营运流程不需要物质形态的转换，投入与产出都是货币，这种营运流程的特殊性决定了保险公司危机爆发的突然性、快速性、传染性和破坏性，严重的保险危机将直接威胁政治、经济和社会的稳定。

保险业务涉及各行各业、千家万户，具有极强的公众性和社会性，承担着一定的社会责任与义务。在现代经济中，保险的作用及其影响范围不断扩大，可以为社会各阶层提供更多的保障服务，尤其是近年来自然灾害频繁发生，保险产业能够使企业在灾后迅速恢复生产，减少人民的经济损失，有利于增进社会的安定。但同时也应看到，与其他行业及全社会的期待相比，保险业在承担社会责任方面还存在一些差距和不足，公司经营管理、保险产品与服务仍需创新发展，人民群众需要的保险增值服务供给不足等问题依然存在。

B.11 保险产业安全预警系统分析及预警方法选择

第一节　产业安全预警系统概念

所谓产业安全预警系统，就是依据对产业发展稳定状况的判断，采用定性分析与定量分析相结合的方法，对产业安全发展态势进行过程刻画、追踪分析和警情预报。产业安全预警系统的建立是根据宏观经济环境和产业发展规律，首先建立一个能够综合评价产业发展状况的“产业安全预警指标体系”及相应的临界值；然后利用统计部门的数据或根据其他途径收集的数据计算指标体系中的指标，将得到的指标值与预先设定的临界值进行比较，对产业发展状况进行定量分析，运用模型计算综合指数进行预测。在定量分析的基础上结合定性分析，综合评价产业发展变化的趋势。当多数指标值接近警戒线时要及时发出警报，以便采取措施，避免产业发展受到严重损害。构建预警系统的关键在于指标的选取及临界值的设定，评价产业安全发展态势的指标很多，但有些指标反映的内容是一样的，有些指标的数据很难收集，所以要对指标进行筛选，用适当的指标全面评价产业安全发展态势。当产业发展偏离正常轨道时能够从指标值与临界值之间的比较体现出来，并及时发出警报。

第二节　产业安全预警系统功能分析

产业安全预警系统的功能包括参照功能、纠偏功能、动态管理功能、超前调控功能。

一　参照功能

预警系统主要依靠一套具有可操作性的指标体系及预先设定的临界值进行运作。这些指标可以作为统一的，具有共识的参照系来使用，使我们在认识形势、判断产业发展状况、预测未来趋势时有一个统一的尺度。具有量化指标的参照系统，使我国产业的管理更加科学化、程序化，从而避免带有主观意志的人为干预；通过指标体系的量化有助于我们正确分析我国产业发展的运行轨迹，并预测其发展态势。参照系不同，人们就会对我国产业的现状和未来趋势做出不同的判断，所采纳的政策措施也大相径庭。有了统一的参照系，人们对形势的认识会更加统一，制定的政策措施也会更加有效。

二　纠偏功能

这是由预警系统的研究对象决定的。预警系统是以我国产业发展过程中曾经出现、现在已有或将来可能出现的问题为研究对象。预警系统能够及时定期地发布产业发展景气状况，分

析产业发展波动的原因，可以帮助人们尽早发现问题；预警系统还可以针对警情，提出相应的调整措施，及时纠正原来不完善或错误的方针政策，有效地制定产业政策和措施，解决实际工作中出现的问题，使我国产业沿着有利的方向发展。

三　动态管理功能

预警系统的建立并不是一成不变的，它随着宏观环境和产业发展的变化而不断调整。因为社会在进步、产业在发展，影响产业发展的因素就会发生变更，有的可能不再是影响产业发展的因素，或者影响作用已经减弱；有的则成为产业发展的决定性因素。影响因素变化了，衡量的指标就要做相应调整，设定的临界值也要重新界定，这种不断的调整过程即是对产业发展的动态管理。动态管理需要对发展过程进行监测，通过对监测结果进行识别，判定所监测到的发展过程的特征属于何种状态以及预示着何种状态，以便对症下药，在宏观政策的制定上，引导产业的可持续发展。

四　超前调控功能

这是预警系统的特色所在。预警系统的突出作用在于它可以通过某些敏感性指标的异常变化帮助人们及早发现问题，并在萌芽状态时期解决问题，这样可以减少不必要的损失。产业控制机制包括前馈控制、同期控制和反馈控制，而预警系统属于前馈控制。前馈控制也称事前控制，强调的是面向未来的控制，即通过对情况的观察、规律的掌握、信息的获得、趋势的分析，预测可能发生的问题或提供的机会，在其未发生前就加以防止或争取，这些正是预警系统超前调控功能的体现。

第三节 建立产业安全预警系统的原则及要求

建立产业安全预警系统的原则有：

①产业安全预警系统应以准确、客观的统计资料为基础，离开这些资料，预警将会毫无意义。

②产业安全预警系统必须以国家的法律为依据，离开了法律的框架，很难保证得出的分析结论能在实践中被运用。

③建立的产业安全预警系统要具有实用性与可操作性。所谓实用性是指在建立预警系统时，应尽力搜集以往的经验数据，确认变量中哪些与产业风险有显著联系，力求多层次、多视角地选择评价指标，且对各种经济类型和经济模式均有普遍的指导意义，方便实用；所谓可操作性，是预警系统中采纳的各项指标，应尽量从广泛的经济信息及产业的具体运行过程中获取相关的可靠信息，操作简单方便。

④产业安全预警系统的建设既要包括硬系统的建设，也要包括软系统的建设。所谓硬系统是指信息处理中心、信息资料库和专家库等，软系统则是指风险的识别、测度指标体系、预测模型以及对策系统。

建立产业安全预警系统的要求有：

①预知性：能够通过对有关信息及数据的分析、跟踪、预测发现现存的和潜在的问题，发出预警信号，以防患于未然。

②及时性：预警系统应能及时反映问题，做出提示，避免因错失控制危机的时机而导致更大的损失。

③准确性：产业安全预警系统必须反映产业运行过程中的各种规律，确切提出存在的问题，避免由于使用失真的材料或错误的方法而得出错误的结论。

④完备性：产业安全预警系统应能全面收集与产业安全相关的各类信息，据此从不同角度、不同层面分析产业安全的发展态势。

⑤连贯性：要想使危机预警分析不因孤立、片面的方法而得出错误的结论，一期的分析应以上一期的分析为基础，紧密衔接，才能确保危机预警分析的连贯和准确。

第四节　产业安全预警系统建立步骤

一套行之有效的产业安全预警系统包括预警指标体系的构建、预警界限的确定和预警系统运行及结果的输出三个步骤：

一　预警指标体系的构建

产业安全预警系统的一项重要内容就是选择和构建一套能够全面、动态、及时反映我国产业发展状况和趋势的预警指标体系。指标的选择必须遵循系统优化性、相关性、可控性、阶段性、科学性与实用性相结合的原则。指标体系的构建除了选择合适的指标外，还需要确定各个指标对综合预警指数的影响程度，即确定指标的权重。由于各个指标的量纲不同，因而要对指标进行标准化，形成一套规范的预警指标体系。但指标的选取不是固定不变的，而是随着经济形势的不断变化和运行经验的不断积累而“与时俱进”、逐步修改和完善的。

二　预警界限的确定

确保预警系统能够发挥作用，其中一项关键工作就是指标预警界限的确定，即阈值的确定。预警界限确定是否合适，对于准确地监测各项预警指标的变动情况，从而对我国产业的运行状况和趋势做出正确的判断有很大影响。预警界限的确定是依据国际公认、历史经验、专家意见并结合我国产业发展的实际情况综合考虑而确定的。随着我国产业的发展，各个评价指标的评分值也会发生变动，因而阈值不是固定不变的，而是一个动态的数据。阈值的确定可以采用专家评定法、历史数据法、头脑风暴法等，也可以综合上述各种方法来确定。

三　预警系统运行及结果的输出

产业安全预警系统最后一项工作就是预警系统运行及结果的输出。预警系统建立的目的就是在警情出现时发出警报，这就是预警系统的运行过程，而警报的发出正是借助预警结果的输出来实现的。预警系统运行效果的评价直接由预警结果的输出来体现，若预警结果的输出不能满足决策者的需要，不但会影响决策的制定，甚至会导致决策失误。图 11 - 1 所示为保险产业安全预警系统建立与分析流程。

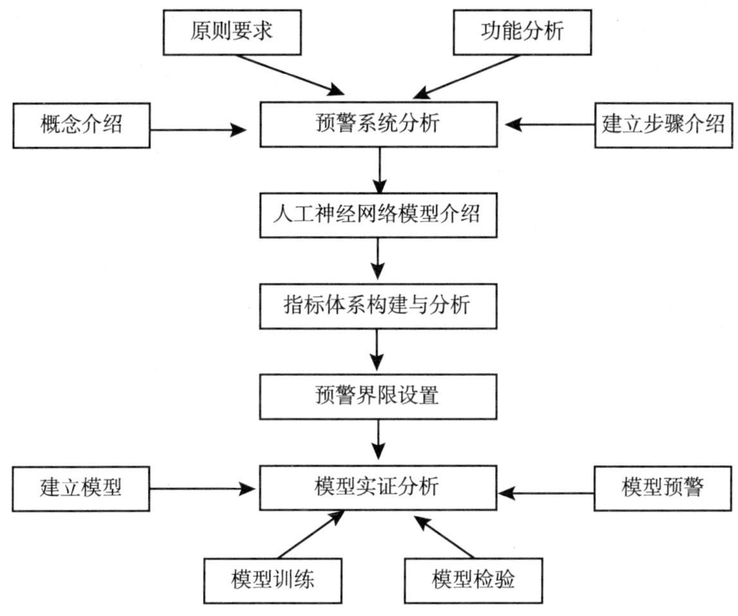

图 11-1 保险产业安全预警系统建立与分析流程

第五节 产业安全预警系统预警模型介绍

人工神经网络（Artificial Neural Networks，简称 ANN）是对生物神经网络系统的模拟，其信息处理功能是由网络单元的输入输出特性（激活特性）、网络的拓扑结构（神经元的连接方式）所决定的。它具有非线性、复杂性、计算并行性、适应性和宽容性等特点。人工神经网络对问题的求解方式与传统方法不同，它是经过训练来解答问题的。训练一个人工神经网络是把同一系列的输入例子和理想的输出作为训练的“样本”，根据一定的训练算法对网络进行足够的训练，使得人工神经网络能够学会包含在“解”中的基本原理。当训练完成后，该模型便可用来求解相同的问题。

BP 网络是误差反向传播的多层前馈式网络，是人工神经网络中最具代表性和应用最为广泛的一种网络。标准的 BP 神经网络模型由三个层次组成：第一层为输入层，第二层为隐含层，第三层为输出层。各层神经元形成相互连接，各层次内的神经元没有连接（如图 11－2 所示）。

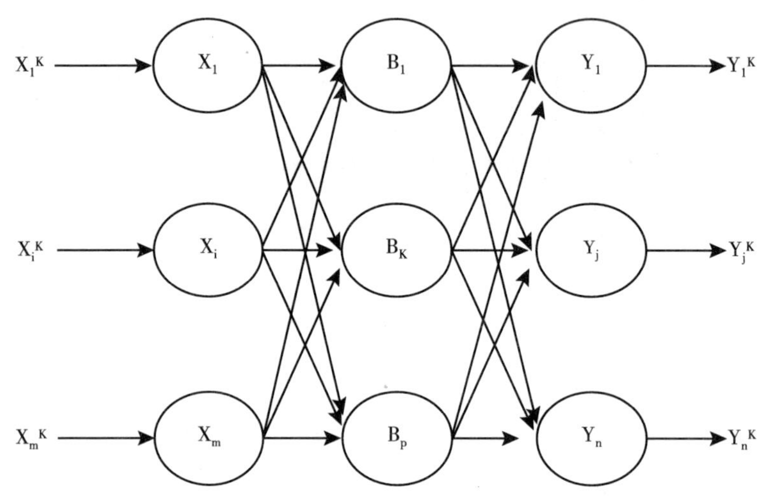

图 11－2　三层 BP 神经网络结构*

资料来源：李孟刚：《产业安全理论》，中国科技出版社，2009。

我国的胡燕京、高会丽、徐建锋等人对传统的 BP 人工神经网络模型进行了改进，建立了基于人工神经网络的预警系统，预警系统的基本结构如图 11－3 所示。

一　输入输出数据的预处理

输入输出数据的预处理是有效训练神经网络的关键步骤，直接影响训练后网络的性能。常见的方法是将原始数据进行归一化处理，即通过一定的线性变换将输入和输出的数据统一限制在［0，1］或［-1，1］区间内（见图11-3）。

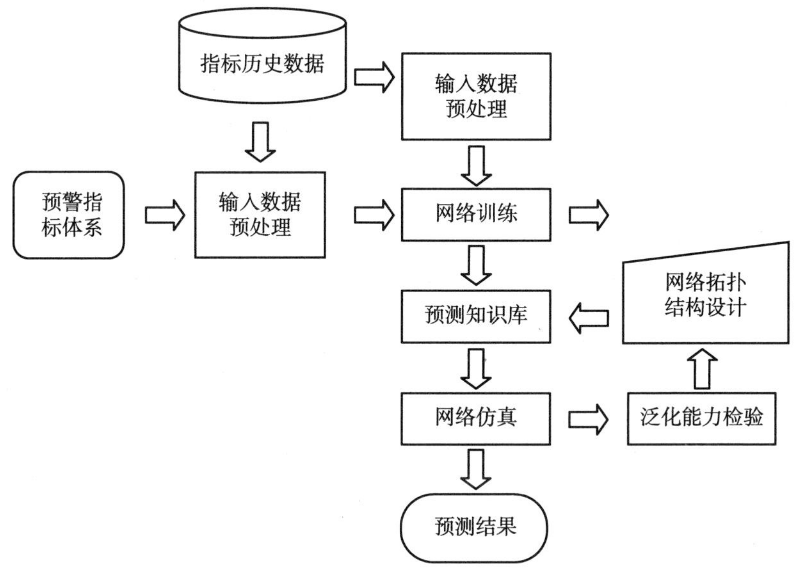

图11-3　人工神经网络风险预警系统构成

资料来源：雷鸣：《FDI对我国产业安全影响的预警分析》，中国优秀博硕士学位论文全文数据库（硕士），2007。

二　网络拓扑结构的设计

网络结构的设计包括确定网络的隐层数、隐层神经元数及输入输出神经元数。

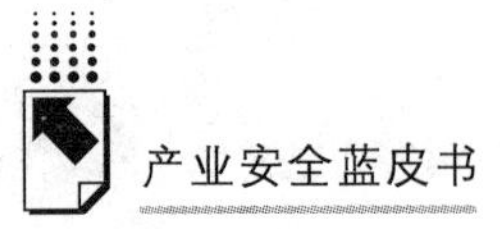

对于隐层数的确定，kolmogorov 三层神经网络映射存在定理在理论上已证明了任意一个连续函数都能与一个三层 BP 网络建立映射关系。所以一般先考虑设一个隐层，当一个隐层神经元数很多，且仍不能改善网络性能时，才考虑再增加一个隐层。

隐层神经元数的作用是从样本中提取并存储其内在规律，每个隐层神经元有若干个权值，而每个权值都是增强网络映射能力的一个参数。若隐层神经元数量过少，网络从样本中获取的信息能力就会较差，不足以概括和体现样本规律；隐层神经元数量过多，又可能把样本中非规律性的内容，如噪声等记牢，从而出现所谓“过度吻合”问题。可以参考以下经验公式：

$$L_K \leqslant \sqrt{P(O+3)}$$

其中，L_k 表示隐层神经元数的上限，P 表示输入层神经元数，O 表示输出层神经元数。

三　网络的训练

网络的训练涉及网络泛化能力的问题。所谓泛化能力，就是指神经网络对训练样本以外的新样本数据的正确反映能力。网络设计完成后，要运用样本集进行训练。对泛化能力的测试不能用训练集的数据进行，而要用训练集以外的测试数据来进行检测。一般的做法是，将训练集的可用样本随机分成两部分：一部分作为训练集，另一部分作为测试集。

四　网络泛化能力检验

网络的训练阶段完成后，将各连接权值和阈值固定存于预测知识库中，这时整个网络就是一个适用于预测同类输入指标的数据预警模型，用检验样本对该网络模型的泛化能力进行检验。最常用的用于评价预测精度的指标是 *MAPE*（Mean Absolute Percentage Error）。

$$MAPE = \frac{1}{n}\sum \left|\frac{x_k - x_k^{\mu}}{x_k} \times 100\%\right|$$

若 *MAPE* 的值较大，则说明网络的预测性能不好，则需要对网络的结构和参数进行调整，直至得到满意的测试效果为止。

B.12

保险产业安全预警指标体系的分析与构建

第一节 保险产业安全预警指标体系构建原则

产业安全预警指标体系的建立是一项复杂的系统工程，它要求准确、全面、有效地反映经济运行中产业内各种显现的和潜在的风险因素。例如，有的指标要求是局部性的，用来反映产业安全活动的某个侧面；有的指标要求是综合性的，它从各个不同侧面和角度综合、系统地反映和衡量整体产业安全的本质特征。

具体来说，在选择预警指标时，应遵循以下原则：

1. 系统优化性原则

一是指标数量的多少及其体系的结构形式以系统优化为原则，即以较少的指标（数量较少，层次较少）较全面系统地反映评价对象的内容。二是评价指标体系要统筹兼顾各方面的关系，由于同层次指标之间存在制约关系，在设计指标体系时，应该兼顾各方面的指标。

2. 科学性原则

科学性原则主要体现在理论和实践相结合，以及所采用的科学方法等方面。指标体系的设置应符合产业安全预警管理的目标，能够全面真实地反映机制运行的效果以及存在的问题。

3. 关联性和独立性的统一

关联性要求列入指标体系中的每一项指标都能从某一个角度正确地反映产业安全的内容及其状态，使指标与指标之间成为相互联系的有机整体；独立性是指设计指标时应尽量减少各指标之间的重叠区域。然而，指标间的这种既关联又独立的关系并不矛盾，而是辩证统一的。独立性使得相互关联的指标各具特色，关联性使得相互独立的指标成为一个整体并服务于预警系统。

4. 灵敏性原则与可控性原则

灵敏的风险预警指标可以反映行业经营活动的偏差信息，对经营活动的异常现象做出迅速的反应，从而为正确分析、确定警情提供依据。各项指标还应该是可控的，如果一个产业的安全程度较低，应该可以通过采取一定措施影响这些指标的数值，从而维护产业的安全。

5. 可操作性原则

预警指标计算所依赖的数据必须是能够从保险业的财务报表或其他公开途径中获得的，并保证数据能及时、真实、准确、完整；指标含义要明确，计算过程要简单，易于实际的操作。

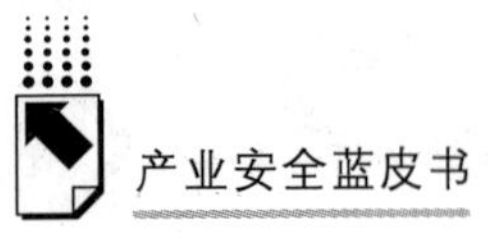

第二节　预警指标体系的构建

保险产业安全警情是一个复杂的经济问题，不能用单一指标测度，通过对影响保险产业生存、发展等诸多因素进行全面分析，找出以下主要指标以确定警情（见表 12－1）。

表 12－1　中国保险业预警指标体系

中国保险业的生存/发展环境	X_1 单位劳动力成本	中国保险业的产业控制力	X_{13}外资市场控制率
	X_2 全员劳动生产率		X_{14}外资股权控制率
	X_3 资本成本		X_{15}外资资产控制率
	X_4 汇率		X_{16}外资投资控制度
	X_5 实际 GDP 增长率	中国保险产业发展能力	X_{17}保费总额增长率
	X_6 保险密度		X_{18}资金运用余额增长率
	X_7 保险深度		X_{19}固定资产净值增长率
中国保险业的产业竞争力	X_8 市场占有率		X_{20}就业人数增长率
	X_9 总资产负债率		X_{21}总资产收益率
	X_{10}产险市场集中度		X_{22}行业亏损面
	X_{11}寿险市场集中度		
	X_{12}专业技术人员占比		

第三节　保险产业安全预警指标详解

一　中国保险业的生存/发展环境预警指标

（一）劳动力单位成本

该指标反映劳动力市场状况，较高工资水平更有利于吸引

优秀人才，但是也会增加行业的成本负担。它可以根据劳动力总成本与行业全部从业人员平均人数的比值来衡量。

$$劳动力单位成本 = \frac{劳动力总成本}{行业全部从业人员平均人数} \times 100\%$$

（二）全员劳动生产率

劳动生产率是企业生产技术水平、经营管理水平、职工技术熟练程度和劳动积极性的综合表现，劳动生产率越高，越有利于产业安全。它可以用行业增加值与行业全部从业人员平均人数的比值来衡量。

$$全员劳动生产率 = \frac{行业增加值}{行业全部从业人员平均人数} \times 100\%$$

（三）资本成本

选取平均的资本成本指标反映金融市场资金筹集状况，它可以以短期实际利率来衡量。

$$资本成本 = 短期实际利率$$

（四）汇率

一个行业的生存与发展不仅与利率息息相关，同时也受到汇率的影响。汇率风险对一个行业特别是对外贸易繁复行业的影响十分重要。因此选取汇率这一指标来反映汇率风险的影响。

换汇成本高于人民币对美元汇价，则该商品的出口为亏损，虽然有创汇，但出口本身却无经济效益，换汇成本越高，亏损越大。

（五）实际 GDP 增长率

该指标是反映一定时期经济发展水平变化程度的动态指标，也是反映一个国家经济是否具有活力的基本指标。

$$\text{GDP 增长率} = \frac{\text{第 } n \text{ 年 GDP} - \text{第}(n-1)\text{ 年 GDP}}{\text{第}(n-1)\text{ 年 GDP}} \times 100\%$$

（六）保险密度

反映一国保险业以人口计算的人均保费收入水平，等于保费收入与总人口数之比，其值越大，表明平均水平越高，保险业的安全程度越高。

$$\text{保险密度} = \frac{\text{保费收入}}{\text{总人口数}} \times 100\%$$

（七）保险深度

反映一国保险业以 GDP 作为对比标准的平均水平，即单位 GDP 的保费收入水平，等于保费收入与 GDP 之比，其值越大，表明平均水平越高，保险业的安全程度越高。

$$\text{保险深度} = \frac{\text{保费收入}}{\text{GDP}} \times 100\%$$

二　中国保险业的产业竞争力预警指标

（一）市场占有率

该指标是指在开放经济条件下，我国民族产业或企业的产品销售额占该类产品在国际或国内市场上总销售额的比重。从某一时点来看，应该说市场占有率是反映一国某一行业或某一企业国际竞争力强弱的最为显著的标志，而且从长期看，能够

保持长期的市场占有率，也是该企业能够长期立于不败之地的基础。市场占有率的大小与产业国际竞争力高低呈正相关关系。

$$市场占有率 = \frac{民族产业的产品销售额}{国际(内)市场的产品销售额} \times 100\%$$

（二）资本利润率

资本利润率反映特定企业获利的能力。它弥补了市场占有率的不足，表明了企业获取效益的好坏，资本利润率越高，企业国际竞争力越强。

$$资本利润率 = \frac{利润总额}{资本总额} \times 100\%$$

（三）总资产负债率

总资产负债率指标反映了产业的生产竞争潜力。

$$总资产负债率 = \frac{企业负债总额}{企业资产总额} \times 100\%$$

（四）市场集中度

从产业的内部组织来反映产业的国际竞争力状况。如果产业集中度提高，即使总体上产业的世界或国内市场份额都没有变或略有下降，产业的国际竞争力状况也可以得到提高。可以用行业内大中型企业保费收入与行业内全部企业保费收入的比值来衡量。

$$市场集中度 = \frac{大中型企业保费收入}{行业保费收入}$$

（五）专业技术人员占比

专业技术人员占比反映了企业的创新能力和成长能力，通过科技开发人员数量与行业从业人数总数的比值衡量。在现代国际竞争中，创新是企业竞争制胜的法宝，也是保持长久竞争力的关键。因此，一般而言，该比率越高，企业就越有竞争力。

$$专业技术人员占比 = \frac{科技开发人员数量}{行业从业人员数量} \times 100\%$$

三　中国保险业的产业控制力预警指标

（一）保险业外资市场控制率

该指标反映外资控制的中国保险企业对该国国内市场控制的程度，可以用外资控制企业市场份额与国内保险业总的市场份额之比来衡量。外资市场控制率越高，中国保险业安全发展受影响的程度越大。

$$外资市场控制率 = \frac{外资企业销售额}{国内产业总的销售额} \times 100\%$$

（二）保险业外资股权控制率

该指标从股权角度反映外资对国内产业控制的情况。一般而言，单个企业外资股权份额超过 20% 即达到对企业的相对控制，超过 50% 即达到对企业的绝对控制。它可以用外资股权控制的所有者权益与国内产业总的所有者权益之比来衡量，该比率越高，产业安全发展受影响的程度越大。

$$外资股权控制率 = \frac{外资股权所有者权益}{行业所有者权益} \times 100\%$$

（三）保险业外资资产控制率

该指标从资产角度反映外资对国内产业控制的情况，可以用外资企业资产总额与产业资本总额之比来衡量。中国保险业外资资产控制率越高，风险越大，保险业安全度越低。

$$外资资产控制率 = \frac{外资企业资产总额}{全行业资产总额} \times 100\%$$

（四）保险业外资投资控制度

该指标从投资角度反映外资对国内产业控制的情况，可以用外资企业固定资产净值总额与全行业固定资产净值总额之比来衡量。中国保险业外资投资控制率越高，风险越大，保险业安全度越低。

$$外资投资控制率 = \frac{外资企业固定资产净值总额}{全行业固定资产净值总额} \times 100\%$$

四　中国保险产业发展能力预警指标

（一）保费总额增长率

该指标反映保险业发展的规模，其额度越高，说明保险的有效供给水平越高，保险业的发展能力越强。

$$保费年增长率 = \frac{第\ n\ 年的保费收入 - 第(n-1)年的保费收入}{第(n-1)年的保费收入} \times 100\%$$

（二）资金运用余额增长率

该指标从资本积累能力角度反映行业的发展能力，用某期资金余额增加值与期初资金余额的比值来衡量。该比率越高，产业安全受影响的程度越小。

$$资金运用余额增长率 = \frac{期末资金余额 - 期初资金余额}{期初资金余额} \times 100\%$$

（三）固定资产净值增长率

该指标从固定资产积累能力角度反映行业的发展能力，用某期资产净增加值与期初固定资产净值的比值来衡量。该比率越高，产业安全受影响的程度越小。

$$固定资产净值增长率 = \frac{期末固定资产净值 - 期初固定资产净值}{期初固定资产净值} \times 100\%$$

（四）就业人数增长率

该指标从员工的雇用角度分析一个行业的发展能力，就业人数越多，企业获取适合人才的机会越多，越有利于企业的发展。因此，该比率越高，产业安全受影响的程度越小。

$$就业人数增长率 = \frac{期末就业人数 - 期初就业人数}{期初就业人数} \times 100\%$$

（五）总资产收益率

该指标从资金运用效率与资金利用效果角度反映企业赢利能力的稳定性与持久性，并直接反映了行业和发展能力。该比例越高，越有利于产业安全。

$$总资产收益率 = \frac{利润总额}{平均资产总额}$$

（六）行业亏损面

该指标从企业净利润角度分析行业的发展能力。行业亏损

越小，产业发展能力越强，越有利于产业安全。

$$行业亏损面 = \frac{亏损企业数}{行业企业总数}$$

第四节　预警界限的设置

一　预警界限的确定原理

预警警戒线确定得是否科学合理，决定了我国保险业安全风险预警模型的建立能否准确反映出我国保险业安全的客观实际。所以，它对于准确监测各项经济指标的变动情况，进而对整个经济形势做出准确的判断的影响是非常大的。在确定临界点的方法中，目前应用比较广泛的是3δ 原理。

3δ 原理是在对宏观和微观经济活动中的指标数据进行分析时，认为正态分布是应用最为广泛的一种概率分布。正态分布具有以下几点性质：第一，若各预警指标的特性值服从正态分布，那么在［-3δ，3δ］范围内包含了0.9973 的特性值，而落到［-3δ，3δ］以外的数据还占不到全部数据的0.3%，这就是在实际中大量使用的3δ 原理。第二，在以上的分析中可以断定，在［-3δ，3δ］范围内几乎100%描述了指标特性值的随机分布规律。所以，在实际中完全没有必要从［-∞，+∞］范围去分析，只要着重分析［-3δ，3δ］范围就可以了，因为［-3δ，3δ］范围几乎100%地代表了总体。第三，3δ 原则与δ 无关，无论δ 值大还是小，在［-3δ，3δ］范围内都包含了 0.9973 的各指标的特性值。因此，当风险预警指标具有计量特性时，就可以应用正态分布研究警情及各项预警指标数据的变化规律性，包括各单类指标警情和综合警情等。并且，在对指标数据进行分析时，只考虑 [-3δ, 3δ] 范围内的指标数据就能代表整个样本的特征。

二　预警区间警戒线的确定

根据正态分布原理，数据 X 分布在中心值附近，离中心值越近，出现的可能性 P 就越高；相反，越偏离中心值，出现的可能性 P 就越低。如果偏离超过 1 倍标准差，出现的可能性只有 31.74%；如果偏离超过 2 倍标准差，出现的可能性就只剩 5%；如果偏离超过 3 倍标准差，出现的可能性便不足 1%。因此，可以根据偏离中心值的标准差倍数来反映数据是否合理。

众所周知，在一个正常的经济系统中，数据偏离稳定数值过大或过小的可能性都很低。如果选择宽松的偏离中心值超过 3 倍标准差的情况作为“异常”，那么几乎没有数据会落在“异常”区间，而真等到大部分数值落在中心值的 3 倍标准差以外的时候才提出预警，恐怕那时我国的保险业就已经岌岌可危了，那么也就失去了预警原有的意义。而若选择偏离中心值 1 倍标准差的情况作为“异常”，对数据的要求又会过于严格，可能会造成不必要的恐慌，进而影响我国保险业的发展。因此，最终选择偏离中心值 2 倍标准差以上作为“异常”，同时选择偏离中心值 1 ~2 倍标准差的范围作为基本正常区间。

3δ 方法的运用就是，通过计算各个指标数据系列的各级预警中心值，得到预警预报的 5 个区间。即以 $[-\infty, \overline{X}-2\delta]$、$[\overline{X}+2\delta, +\infty]$ 作为危机区间；以 $[\overline{X}-2\delta, \overline{X}-\delta]$、$[\overline{X}+\delta, \overline{X}+2\delta]$ 作为存在威胁区间；以 $[\overline{X}-\delta, \overline{X}+\delta]$ 作为安全区间。

第五节　保险产业安全预警模型的实证分析

一　BP 人工神经网络预警模型的建立

（一）数据的归一化处理

各指标之间存在着方向、数量级差异等问题，为使各指标在整个系统中具有可比性，且更好地进行 BP 人工神经网络的训练，在建立 BP 神经网络之前，需要对数据进行归一化处理，转化为闭区间 [0，1] 上的无量纲性指标值，本文采用的归一化方法是极差标准化法。即：

$$Y_{ij} = \frac{X_{ij} - \min X_i}{\max X_i - \min X_i}$$

其中，i 为第 i 项预警经济指标，j 为第 j 年度，X_{ij} 为 i 项指标的第 j 年原始数据，Y_{ij} 为 i 项指标的第 j 年归一化数据。将 2000～2008 年预警指标原始数据代入上述计算公式，可得到新的 BP 人工神经网络预警系统的样本数据，如表 12－2 所示。

（二）网络层数确定

1989 年 Robert Hecht-Nielson 证明了对于任何一个在闭区

间的连续函数都可以用一个隐含层的 BP 网络来逼近，因而一个 3 层的 BP 网络可以完成任意的 n 维到 m 维的映射。因此本 BP 人工神经网络模型中采用单隐层网络。

（三）输入层节点选择

输入层节点的多少与评价指标个数相对应。本文共选取了 2000 ~ 2008 年 22 个监测指标值进行模拟评价。因此，网络输入层节点数 i 为 22。

（四）隐层节点数的确定

隐层单元数的选择与输入输出单元的多少有直接的关系，可参考以下公式确定：

$$n_i = (m + n)/2 + a$$

其中，n_i，m，n，a 分别是隐层单元数、输入神经元数、输出神经元数及常数项，a 可随机选取 1 ~ 10 的常数。

表 12 – 2　归一化处理后的数据

年份	2000	2001	2002	2003	2004	2005	2006	2007	2008
X_1	0.00	0.08	0.15	0.24	0.34	0.45	0.59	0.78	1.00
X_2	0.63	0.67	0.74	0.72	0.31	0.00	0.22	0.84	1.00
X_3	0.13	0.13	0.00	0.00	0.13	0.13	0.25	1.00	0.13
X_4	0.00	0.08	0.54	0.79	0.94	1.00	1.00	1.00	1.00
X_5	0.08	0.07	0.00	0.27	0.68	0.42	0.51	1.00	0.61
X_6	0.00	0.07	0.18	0.26	0.34	0.41	0.50	0.67	1.00
X_7	0.00	0.26	0.74	0.96	1.00	0.57	0.56	0.66	0.91
X_8	0.99	0.99	1.00	0.97	0.86	0.00	0.43	0.17	0.54
X_9	0.50	1.00	0.94	0.42	0.62	0.10	0.63	0.00	0.74
X_{10}	1.00	1.00	0.83	0.64	0.49	0.27	0.10	0.00	0.00

续表

年份	2000	2001	2002	2003	2004	2005	2006	2007	2008
X_{11}	1.00	0.98	0.98	0.78	0.62	0.36	0.26	0.09	0.00
X_{12}	1.00	0.80	0.70	0.69	0.45	0.10	0.02	0.00	0.30
X_{13}	0.01	0.01	0.00	0.03	0.14	1.00	0.57	0.83	0.46
X_{14}	0.09	0.46	1.00	0.72	0.68	0.24	0.68	0.00	0.74
X_{15}	1.00	0.71	0.23	0.00	0.32	0.56	0.57	0.62	0.62
X_{16}	0.17	0.00	0.71	0.96	0.66	0.59	0.74	0.85	1.00
X_{17}	0.10	0.62	1.00	0.47	0.00	0.08	0.10	0.40	0.83
X_{18}	0.58	0.34	0.58	0.69	0.63	0.74	0.36	1.00	0.00
X_{19}	0.06	0.19	0.03	0.10	1.00	0.50	0.16	0.00	0.02
X_{20}	0.09	0.31	0.00	0.18	0.78	1.00	0.42	0.37	0.42
X_{21}	0.28	0.63	0.46	0.38	0.11	0.31	0.37	1.00	0.00
X_{22}	0.67	0.87	0.82	0.81	0.87	0.82	1.00	1.00	0.98

资料来源：根据《中国保险年鉴》（2000～2009年）整理、计算得到。

在建立BP神经网络时，对于隐含层节点的增减可运用构造法，即先设置较少的隐含层节点数，若网络输出误差不符合设定的要求，则逐渐增加节点数，直到网络的误差不再有明显的减小为止；删除法即先给网络一个较大的隐含层节点数，若网络输出误差不符合设定的要求，则逐步删除隐含层节点，直至合适为止。考虑到单隐含层网络的非线性映射能力较弱，对于相同的问题，为了达到预定的映射关系，隐含层节点要多一些以增加网络的可调参数，本网络最终确定隐含层的个数为22。

表 12-3 解释的总方差

成分	初始特征值			提取平方和载入		
	合计	方差的占比（%）	累计（%）	合计	方差的占比（%）	累计（%）
1	9.964	45.292	45.292	9.964	45.292	45.292
2	4.411	20.052	65.344	4.411	20.052	65.344
3	3.296	14.981	80.324	3.296	14.981	80.324
4	2.096	9.529	89.853	2.096	9.529	89.853
5	0.881	4.006	93.859			
6	0.835	3.797	97.656			
7	0.411	1.869	99.525			
8	0.105	0.475	100.000			
9	7.149E-16	3.250E-15	100.000			
10	3.593E-16	1.633E-15	100.000			
11	2.151E-16	9.776E-16	100.000			
12	1.697E-16	7.712E-16	100.000			
13	1.396E-16	6.346E-16	100.000			
14	1.211E-16	5.503E-16	100.000			
15	9.450E-17	4.295E-16	100.000			
16	7.091E-17	3.223E-16	100.000			
17	-1.006E-16	-4.573E-16	100.000			
18	-1.129E-16	-5.133E-16	100.000			
19	-2.177E-16	-9.893E-16	100.000			
20	-3.209E-16	-1.459E-15	100.000			
21	-3.729E-16	-1.695E-15	100.000			
22	-4.922E-16	-2.237E-15	100.000			

资料来源：由 SPSS 软件主成分分析程序自动生成。

（五）输出节点的选择和处理

输出节点的选择对应于评价结果，为此需要确定期望输出。在神经网络的学习训练阶段，“样本”的期望输出值应该

是可由历史数据资料给定或通过一些数学统计方法评估得出的。下面将采用多变量因子分析法的评价结果作为期望值。

表 12-4　因子载荷矩阵

	成分			
	1	2	3	4
X_1	0.899	0.290	0.208	-0.232
X_2	-0.149	0.474	0.762	0.085
X_3	0.608	-0.412	0.558	0.220
X_4	0.901	0.266	-0.278	0.173
X_5	0.902	-0.078	0.052	0.092
X_6	0.855	0.386	0.179	-0.241
X_7	0.489	0.671	-0.331	0.408
X_8	-0.867	0.352	-0.005	0.118
X_9	-0.619	0.578	-0.008	-0.342
X_{10}	-0.978	-0.133	-0.043	0.112
X_{11}	-0.958	-0.102	-0.116	0.228
X_{12}	-0.954	0.064	0.052	0.037
X_{13}	0.867	-0.352	0.005	-0.118
X_{14}	-0.190	0.884	-0.307	0.063
X_{15}	-0.062	-0.572	0.366	-0.703
X_{16}	0.674	0.566	-0.026	0.344
X_{17}	-0.203	0.684	0.529	0.066
X_{18}	0.148	-0.592	-0.009	0.780
X_{19}	0.109	-0.169	-0.861	0.035
X_{20}	0.581	-0.298	-0.651	-0.194
X_{21}	0.097	-0.419	0.624	0.480
X_{22}	0.763	0.320	0.242	-0.121

使用 SPSS13.0 软件中因子分析模块，以 2000～2008 年反映保险产业安全的 22 个指标的归一化后的数据为基础进行因

子分析，利用主成分分析法提取出22个因子，但是发现其中提取出的4个因子，其累计方差达到89.853%（见表12－3）。

根据主成分分析法的基本原理，主成分的个数可以通过累计贡献率来确定。通常以累计贡献率α≥0.85为标准。对于选定的q个主成分，若其累计贡献率达到了85%，即α≥0.85，则主成分可确定为q个。它表示，所选定的q个主成分，基本保留了原来p个变量的信息。在决定主成分的个数时，应在α≥0.85的条件下，尽量减少主成分的个数。因此，在这里共提出4个因子，分别记为F_1、F_2、F_3、F_4因子。

通过因子载荷矩阵（见表12－4）来计算各因子得分，并且以最大旋转后各因子的方差贡献率占4个因子总方差贡献率的比重作为权重进行加权汇总计算总的因子Ft得分（见表12－5、表12－6）。

表12－5　因子权重

主成分	第一主成分值	第二主成分值	第三主成分值	第四主成分值	合计
贡献率	45.292	20.052	14.981	9.529	89.854
权　重	0.5041	0.2232	0.1667	0.1060	1

表12－6　因子得分

	F_1得分	F_2得分	F_3得分	F_4得分	Ft得分
2000年	－3.30067	0.09839	1.038171	0.267854	－1.44045
2001年	－3.06646	1.371136	1.062988	0.292669	－1.03154
2002年	－2.00531	3.399333	0.857353	1.309282	0.029559
2003年	－0.07053	2.925163	0.253769	1.740099	0.844096
2004年	1.696789	1.947614	－1.40043	0.982081	1.160708

续表

	F_1 得分	F_2 得分	F_3 得分	F_4 得分	Ft 得分
2005 年	4. 191263	0. 090316	-0. 78617	0. 511334	2. 056121
2006 年	3. 497646	1. 805802	0. 13224	0. 269472	2. 216827
2007 年	6. 036912	0. 462415	2. 058535	1. 377767	3. 635619
2008 年	4. 087245	4. 018106	1. 037682	-0. 18421	3. 110677
危险 1	-5. 7182	-1. 0863	-1. 6377	-0. 5626	-2. 3452
威胁 1	-2. 2443	0. 3523	-0. 5825	0. 0835	-0. 5847
威胁 2	4. 7036	3. 2295	1. 5279	1. 3757	2. 9362
危险 2	8. 1775	4. 6681	2. 5831	2. 0218	4. 6967

根据前文将预警体系区分为危险 1、威胁 1、安全、威胁 2 和危险 2，对应地划分为 5 个安全区间：危险 1、威胁 1、安全、威胁 2 和危险 2。其中 4 个区间分别对应于因子得分表（表 12 -6）中的 5 种状态：F < 危险 1，F ∈ （危险 1，威胁 1），F ∈ （威胁 1，威胁 2），F ∈ （威胁 2，危险 2），F > 危险 2。各个安全状态得分区间所对应的网络期望输出值分别为 A（00001）、B（00010）、C（00100）、D（01000）和 E（10000）。从而得到各因子的网络期望输出值（见表 12 -7）。

表 12 -7　期望输出与因子得分转换表

期望输出	F_1 得分	F_2 得分	F_3 得分	F_4 得分	Ft 得分
A(00001)	(-∞，-5. 7182)	(-∞，-1. 0863)	(-∞，-1. 638)	(-∞，-0. 5626)	(-∞，-2. 345)
B(00010)	(-5. 718，-2. 2443)	(-1. 0863，0. 3523)	(-1. 638，-0. 5825)	(-0. 5626，0. 0835)	(-2. 345，-0. 5847)
C(00100)	(-2. 2443，4. 7036)	(0. 3523，3. 2295)	(-0. 5825，1. 5279)	(0. 0835，1. 3757)	(-0. 5847，2. 9362)

续表

期望输出	F_1 得分	F_2 得分	F_3 得分	F_4 得分	Ft 得分
D(01000)	(4.7036, 8.1775)	(3.2295, 4.6681)	(1.5279, 2.5831)	(1.3757, 2.0218)	(2.9362, 4.6967)
E(10000)	(8.1775, +∞)	(4.6681, +∞)	(2.5831, +∞)	(2.0218, +∞)	(4.6967, +∞)

二　MATLAB 中预警模型的训练、检验与预警

在 22 个预警指标，2000～2008 年共 9 年的指标数据中，选取 2000～2006 年的指标数据作为训练集来训练网络，用 2007 年的数据作为测试集来进行检验，2008 年的数据作为输入值来进行预警。

第一是传递函数与训练函数的确定。由于输入数据在［0，1］之间，且期望输出也在［0，1］之间，所以隐含层与输出层都采用 LOGSIG 转换函数。采用共轭梯度算法 trainscg 训练函数来训练网络，以取得较快的收敛速度。

第二是学习率（η）的确定。随着学习率的增大，迭代次数明显减少。小规模的网络，学习率可以取得较大；而在稍大规模的网络中，当学习率稍大时，网络就会发散，而很小的学习率则会使训练时间大为延长。综合考虑，最终确定学习率 η 为 0.01。

第三是最大步数（epochs）的确定。当在所设定的最大步数达到时，若网络收敛没达到目标精度，则增大最大步数设置；若在训练 N 步后就达到目标精度但远没有达到最大步数，

则把最大步数调小，但其值仍要略大于 N。最终确定最大步数为 150。

第四是目标精度（goal）的确定。一般目标精度越高，则网络训练越准确，即训练输出值与目标值越接近，但训练时间会越长。最后确定目标精度为1e－10（为科学计数法）。

第五是仿真的程序。在训练完网络之后，首先对网络输入值 2000～2006 年归一化的数据即训练样本进行仿真，并将输出值与期望输出值进行对比；然后对 2007 年的归一化数据即测试样本进行仿真，并比较实际输出值与期望输出值。当误差在可以接受的范围内时，说明此网络已经达到要求。

（一）BP 人工神经网络预警模型的训练

对 2000～2006 年归一化后的数据进行训练，BP 模型的训练输入表如下：得到 F_1、F_2、F_3、F_4、Ft 各因子的神经网络训练输出，并比较输出值与期望输出值（见表 12－8 至表 12－13）。

表 12－8　Ft 总因子的 BP 训练输出

年份	期望输出	实际输出				
2000	B(00010)	0.0000	0.0000	0.0000	1.0000	0.0000
2001	B(00010)	0.0000	0.0000	0.0000	1.0000	0.0000
2002	C(00100)	0.0000	0.0000	1.0000	0.0000	0.0000
2003	C(00100)	0.0000	0.0000	1.0000	0.0000	0.0000
2004	C(00100)	0.0000	0.0000	1.0000	0.0000	0.0000
2005	C(00100)	0.0000	0.0000	1.0000	0.0000	0.0000
2006	C(00100)	0.0000	0.0000	1.0000	0.0000	0.0000

资料来源：根据 Matlab 软件神经网络程序自主生成。

从表 12－8 可以看出，Ft 总因子在 2000～2006 年的 BP 训练中，期望输出和实际输出毫无误差，完全符合要求。

表 12－9　F_1 因子的 BP 训练输出

年份	期望输出	实际输出				
2000	B(00010)	0.0000	0.0000	0.0000	1.0000	0.0000
2001	B(00010)	0.0000	0.0000	0.0000	1.0000	0.0000
2002	C(00100)	0.0000	0.0000	1.0000	0.0000	0.0000
2003	C(00100)	0.0000	0.0000	1.0000	0.0000	0.0000
2004	C(00100)	0.0000	0.0000	1.0000	0.0000	0.0000
2005	C(00100)	0.0000	0.0000	1.0000	0.0000	0.0000
2006	C(00100)	0.0000	0.0000	1.0000	0.0000	0.0000

资料来源：根据 Matlab 软件神经网络程序自主生成。

从表 12－9 可以看出，F_1 因子在 2000～2006 年的 BP 训练中，期望输出和实际输出毫无误差，完全符合要求。

表 12－10　F_2 因子的 BP 训练输出

年份	期望输出	实际输出				
2000	B(00010)	0.0000	0.0000	0.0000	1.0000	0.0000
2001	C(00100)	0.0000	0.0000	1.0000	0.0000	0.0000
2002	D(01000)	0.0000	1.0000	0.0000	0.0000	0.0000
2003	C(00100)	0.0000	0.0000	1.0000	0.0000	0.0000
2004	C(00100)	0.0000	0.0000	1.0000	0.0000	0.0000
2005	B(00010)	0.0000	0.0000	0.0000	1.0000	0.0000
2006	C(00100)	0.0000	0.0000	1.0000	0.0000	0.0000

资料来源：根据 Matlab 软件神经网络程序自主生成。

从表 12－10 可以看出，F_2 因子在 2000～2006 年的 BP 训练中，期望输出和实际输出毫无误差，完全符合要求。

表 12－11　F_3 因子的 BP 训练输出

年份	期望输出	实际输出				
2000	C(00100)	0.0000	0.0000	1.0000	0.0000	0.0000
2001	C(00100)	0.0000	0.0000	1.0000	0.0000	0.0000
2002	C(00100)	0.0000	0.0000	1.0000	0.0000	0.0000
2003	C(00100)	0.0000	0.0000	1.0000	0.0000	0.0000
2004	B(00010)	0.0000	0.0000	0.0000	1.0000	0.0000
2005	B(00010)	0.0000	0.0000	0.0000	1.0000	0.0000
2006	C(00100)	0.0000	0.0000	1.0000	0.0000	0.0000

资料来源：根据 Matlab 软件神经网络程序自主生成。

从表 12－11 可以看出，F_3 因子在 2000～2006 年的 BP 训练中，期望输出和实际输出毫无误差，完全符合要求。

表 12－12　F_4 因子的 BP 训练输出

年份	期望输出	实际输出				
2000	C(00100)	0.0000	0.0000	1.0000	0.0000	0.0000
2001	C(00100)	0.0000	0.0000	1.0000	0.0000	0.0000
2002	C(00100)	0.0000	1.0000	0.0000	0.0000	0.0000
2003	D(01000)	0.0000	1.0000	0.0000	0.0000	0.0000
2004	C(00100)	0.0000	0.0000	1.0000	0.0000	0.0000
2005	C(00100)	0.0000	0.0000	1.0000	0.0000	0.0000
2006	C(00100)	0.0000	0.0000	1.0000	0.0000	0.0000

资料来源：根据 Matlab 软件神经网络程序自主生成。

从表 12－12 可以看出，除 2002 年 F_4 因子输出期望为 C（00100），与实际输出 D（01000）有点误差外，F_4 因子在 2000～2006 年的 BP 训练中，期望输出和实际输出毫无误差。

但是误差中，2002 年的 F_4 因子得分与临界值临近，因此出现误差情有可原，对训练结论影响不大，整体来说训练十分符合要求。

纵观 Ft、F_1、F_2、F_3、F_4 各因子在 2000 ~ 2006 年的 BP 训练，期望输出和实际输出几乎毫无误差，可以说明该 BP 人工神经网络预警模型是有效和准确的。

（二）BP 人工神经网络预警模型的检验

以 2007 年归一化数据为输入值，得到 2008 年各因子的神经网络训练输出，比较输出值与期望输出值，判断误差情况，分析 BP 模型检验成效。

表 12 - 13　2008 年各因子 BP 模型检验输出

	期望输出	实际输出				
Ft	D(01000)	0.0000	1.0000	0.0004	0.0000	0.0000
F_1	D(01000)	0.0000	1.0000	0.0012	0.0000	0.0000
F_2	C(00100)	0.0000	0.0000	1.0000	0.0082	0.0000
F_3	D(01000)	0.0000	1.0000	0.0001	0.0000	0.0000
F_4	D(01000)	0.0000	1.0000	0.0095	0.0000	0.0000

资料来源：根据 Matlab 软件神经网络程序自主生成。

从表 12 - 13 可以看出，Ft、F_1、F_2、F_3 各因子的实际输出和期望输出十分对应，误差满足要求说明 BP 人工神经网络预警模型检验成功，可以用于实际情况的预警。

（三）BP 人工神经网络预警模型的预警

以 2008 年归一化数据为输入值，得到 2009 年各因子的神经网络预测输出，根据预警标准得到预测结论。

结合表12－14的预警结果和期望输出与因子得分转换表（表12－7）可知，预测2009年各类因子得分分别是Ft为D（2.9362，4.6967），F_1为C（－2.2443，4.7036），F_2为D（3.2295，4.6681），F_3为C（－0.5825，1.5279），F_4为B（－0.5626，0.0835）。

表12－14　2009年各因子BP模型预警输出

	预测输出					预测结论
Ft	0.0000	0.5156	0.4103	0.1256	0.0000	D(01000)
F_1	0.0000	0.1399	0.6002	0.1248	0.0000	C(00100)
F_2	0.0000	0.6893	0.0289	0.0005	0.0000	D(01000)
F_3	0.0000	0.1351	0.6463	0.0181	0.0000	C(00100)
F_4	0.0000	0.3186	0.0620	0.3738	0.0000	B(00010)

资料来源：根据Matlab软件神经网络程序自主生成。

三　预警结果分析

根据前文，预警体系区分为危险1、威胁1、安全、威胁2和危险2，对应地划分为5个安全区间：A危险1、B威胁1、C安全、D威胁2和E危险2。2009年Ft总因子得分为D（2.9362，4.6967），即处于“D威胁2”这一安全区间。而F_1为C（－2.2443，4.7036），处于“C安全”这一安全区间；F_2为D（3.2295，4.6681），处于“D威胁2”这一安全区间；F_3为C（－0.5825，1.5279），处于“C安全”这一安全区间；F_4为B（－0.5626，0.0835），处于“B威胁1”这一安

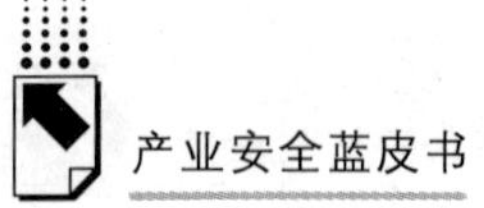

全区间。因此，从整体上说，2009 年中国保险业的产业安全级别为“威胁”，并且主要由 F_2 与 F_4 因子影响。根据因子载荷矩阵可知，F_2、F_4 因子主要由外资市场控制率、外资股权控制率、外资资产控制率、外资投资控制度、保费总额增长率、总投资增长率以及保险深度 7 个指标控制，这 7 个指标又可以归为保险业产业控制力、保费收入以及保费资金运用三类。因此，为提升中国保险业产业安全，应该加强对外资的控制与管理，努力提高保险业产业控制力；加强保险产品创新，满足潜在保险市场需求；提升保险覆盖面，提高保费收入；拓宽资金运用渠道，提高保险资金运用专业水平，获取更高的投资收益回报。

对　策　篇

Report of Policy Suggestion

B.13

保险产业发展对策

第一节　提高保险产业与国民经济发展的匹配度

一　明确保险产业发展的新情况和新特征

现今，全球竞争的焦点有向服务业转移的趋势，提升服务业国际竞争力已成为我国在加入 WTO 后刻不容缓的任务。我国服务业虽然在改革开放后获得了前所未有的快速发展，日益成为国民经济的重要组成部分，但由于长期以来我国不重视发展服务业等多方面原因，导致服务业的发展滞后于其他产业，也落后于其他国家特别是欧美等发达国家。

保险是国际收支经常项目中服务项下的最主要的项目之一。近年来，随着我国保险行业的迅速开放，我国保险项下收支逆差不断扩大，已严重影响我国的国际收支状况。从总差额的情况看，近年来我国保险的国际服务贸易一直处于逆差状态，2002~2006年的5年进出口差额分别达到30.37亿美元、42.51亿美元、57.43亿美元、66.50亿美元、82.83亿美元，2003~2006年4年间的增长率分别为40.00%、35.08%、15.80%、24.55%①。

在新的形势下，探讨中国保险产业安全问题，必须首先对保险产业面临的国际国内经济和金融发展的新情况、新特点进行详尽分析，探讨它们对我国保险产业安全的影响范围和影响程度，并将其作为建立保险产业安全评价指标体系的现实依据。当前中国保险市场的竞争主体发生了较大变化，不再仅仅是国内保险公司之间的竞争了。随着外资保险公司的进入，竞争主体扩大到整个国际范围，使得竞争主体具有国际性。中资、外资保险公司之间的竞争，实际上就是国际化和本土化之间的竞争。外资的冲击给我国保险产业带来了强大的压力，我国保险产业不得不参与到国际竞争之中，同时还要时刻警惕外资对我国保险产业的控制达到危险的程度。在国内外现有研究成果的基础之上，根据指标体系设置的基础理论，

① 李志鹏：《2002~2006年我国保险服务业进出口概况》，2007-11-17，http://tradeinservices.mofcom.gov.cn/e/2007-11-17/10886.shtml。

并且综合保险产业的特征和功能，本文着力研究中国保险产业的竞争优劣势、国际竞争力和产业控制力的发展及趋势，并建立评价保险产业现实竞争力和潜在竞争力的指标体系，以及研究中国保险产业的外资控制度。

回顾刚刚过去的“十一五”时期，这无疑是保险业面临形势最复杂、经受考验最多的五年，也是发展变化最大、综合实力提升最快、服务能力显著增强、行业地位和社会影响力大幅提高的五年。正是在这个关键的五年中，中国跃升为全球最重要的新兴保险大国。“十一五”期间国际金融危机爆发，全球保险业总体陷入低迷，业务增长缓慢，而我国保险业却保持了持续较快发展的良好势头，保费收入年均增长率高达24.2%。不仅如此，在金融市场、资本市场大幅波动的情况下，我国保险业既坚持业务的稳健经营，防止了业务的大起大落，又实现了经营效益和投资收益的稳定增长。在“十一五”期间，我国保险机构共实现投资收益7201.2亿元，年均投资收益率超过6%。更加值得关注的是，五年间我国保险业服务经济、社会的能力也得到显著提升。据统计，“十一五”期间保险业各项赔款和给付支出累计达1.26万亿元，是“十五”期间的2.95倍。目前，保险业为人民群众未来医疗和养老积累的准备金达到3.4万亿元。此外，在南方雨雪冰冻灾害、汶川地震等重大自然灾害和突发事件面前，保险业较好地发挥了经济补偿和社会风险管理功能，保障了生产生活秩序的稳定和灾后重建工作的顺利展开。

二 关注“十二五”时期保险产业发展与安全的关键问题

从外部环境看，“十二五”时期是全面建设小康社会的关键时期，工业化、信息化、城镇化、市场化、国际化深入发展，我国经济在较长一段时间内将保持平稳快速发展的势头，社会财富和居民财富也会不断积累。这将为保险业的发展提供坚实基础。而且市场经济体制的完善、发展方式的加快转变以及人民群众养老、医疗保障等需求的提升，都将为保险业实现快速增长提供强大支撑。从行业自身来看，我国保险业起步晚、基础差，因而具有巨大的发展潜力和空间。2009 年，世界上保费收入占 GDP 的比重平均为 7%，我国为 3.4%；世界人均保费为 595 美元，我国为 121 美元。此外，从国际经验看，人均 GDP 为 3000 ~ 10000 美元是保险业的加速上升期，目前我国人均 GDP 已经达到 4000 美元，人们的消费需求开始升级，对养老保健、医疗卫生、汽车住宅、文化教育等改善生活质量的需求将明显提高，而这些消费领域都与保险业息息相关①。

从国际上看，在市场主体不断增多、业务快速增长的阶段，保险市场容易出现市场秩序混乱、风险集中暴露等问题。目前我国保险业快速发展中积累的深层次问题和矛盾在逐步显

① 张兰：《2011：保险业如何谋划战略调整转型》，2011 - 01 - 06，http://tradeinservices.mofcom.gov.cn/g/2011 - 01 - 06/88427.shtml。

现，一些短期问题和长期问题相互交织。其中，风险防范是保险业长期面对的任务，也是当前必须高度重视的问题。市场秩序亟待规范，非理性价格竞争、销售误导、理赔难、经营数据不真实、虚假列支中介代理手续费和营业费用等问题需得到有效治理。此外，国际金融危机影响深远，世界经济格局正在发生深刻复杂的变化，我国也将进一步深化金融体制改革，这些都对保险业准确把握形势、驾驭复杂局面提出了更高要求。

归纳而言，有这样一些关键问题需要我们进一步关注和追踪：

第一，保险产业应对气候变化问题。全球变暖和极端天气事件的频繁发生给保险产业带来了巨大的挑战。事实上，气候变化可以影响到几乎所有的保险业务线，比如为财产、农作物和牲畜提供保障的财产保险，与污染相关的责任保险，与灾害过后易伴随产生的水生疾病、瘟疫等相关的人寿保险和健康保险等。气候变化使得巨灾发生的频率和严重程度增加，致使保险公司原有的假设前提和损失估计模型不再适用，进而影响保险的可承受能力和可提供能力。保险产业要应对气候变化的挑战，首先要认识和理解气候变化对保险业的危害，同时也应将气候变化看做是一个机遇。具体的措施包括改进已有产品费率模型，制定更严格的保单条款，提高价格甚至取消某些险种以保护保险企业的生存。

第二，保险产业在诸如“4 万亿”的投资中应当更有作为。金融危机之后，党中央出台了扩大内需的十项政策措施，加大对基础设施的投入，将民生工程放在了突出位置。对保险业来说，这是一个服务大局、加快自身发展的好时机。4 万亿元的投资规模“出手快、出拳重”，涉及铁路、水利、电网等基础建设，也包括安居工程、灾后重建等民生工程。工程建设时间紧、任务重，对施工安全和工程质量要求较高，保险能够大显身手之处很多——除了提供建筑工程质量、施工人员意外、货物运输安全等风险保障，还可以发挥管理职能，以专业的风险勘察能力，加大对施工过程中的风险管控，这等于给工程质量加上了一把“安全锁”。4 万亿元的巨额投资中，不仅蕴涵着丰厚的保费来源，还可以带动保险资金拓展自身的投资渠道，寻求更稳定、更丰厚的长期回报。我们一直习惯于把保险业定位成与银行、证券并驾齐驱的金融业“三驾马车”之一，加上在发展初期对保险业资金集聚作用的高度重视，我们更多地强调其金融属性。但若要正本清源，保险业的核心价值，也是其独特之处还是在于它能够集聚和分散风险，在于它具备经济补偿和风险保障功能，资金融通只是其派生功能。它不像银行业那样具有强大的货币创造能力，也不像证券业那样可以为资本定价及为资金需求者直接募集资金，其金融影响力是有限的。从历史经验来看，经济越发展，社会越进步，保险业的地位也就越重要，其中的关键原因并不是保险业可以融通资金，而是它能够借由市场化的手段提供风险管理服务，帮助人们稳定预期、获取内心安宁和经济安全、维护个人尊严，这种服务属性才是它为民生服务的核心价值。从这个意义上讲，保险业发展的根基还是在承保领域，更多地体现了其“非金融”的属性。事实上，金融业更正式的称呼是“金融服务业”，但由于“金融”二字所笼罩的光环更为耀眼，我们常常淡化了其“服务”的内涵，对投资储蓄功能的重视和追求保费规模的冲动掩盖了保险“保障”服务的本色。因此，未来的趋势是：无论在社会养老、医疗，农村信贷服务、农业自然灾害，还是出口信贷服务等方面，保险产业都应当更加完善其金融服务的职能。

第三，利差损风险不容忽视。巨额的利差损没有给中国保险业带来灾难性的打击。经过 10 年的努力，行业在化解利差损风险方面取得了明显成效。这既得益于行业的自身努力，也得益于宏观环境。从行业自身看，传统寿险产品预定利率 2.5% 的限制，防止了新利差损的产生；国有保险公司改制上市以及一批股份制公司增资扩股，大大增强了行业的资本实力；分红等新型寿险产品的发展，使保险市场业务和资产规模快速增加。从宏观环境看，进入 21 世纪以来，我国经济一直处于上升时期，连续多年保持了平稳较快的发展态势，不仅促进了保险业务快速发展，而且为提高投资收益创造了难得机遇。当然，我们也必须清醒地认识到，存量利差损风险并没有完全化解，在投资收益低于评估利率的情况下，每年会出现利差损。当前保险业自身和宏观环境都发生了很大变化，一些老公司的发展模式不可复制，如果再出现大规模利差损的话，可能会给公司带来致命的灾难。

鉴于国际国内经济贸易出现的诸多新情况、新特点，为准确评估我国保险产业安全状况，有效开展维护产业安全工作，建立一套科学的产业安全评估指标体系尤为关键。本文在总结借鉴国内外研究成果和经验的基础上，结合我国保险产业自身特征，综合分析影响产业安全的内外因素，从产业国内环境、产业国际竞争力、产业对外依存度、产业控制力四个方面初步设置产业安全评估体系，并对各个方面进行细化，尤其是将金融环境作为重点纳入产业国内环境评估中。在此基础上，通过实地调研、专家访谈、定量分析等多种手段，调整和完善指标结构，形成一套科学的产业安全评估指标体系。

在前述研究的基础上，采用适当的方法，对影响保险产业安全的重要指标进行解析，设立有效的阈值区间，以判断其中隐含的重大不利影响因素及其可能引发的不良后果，起到预测、预判、预警的作用。

三　解决保险监管体系的相关问题

纵观我国保险监管体系，可以看出中国保险监管的现状呈现以下特点：

第一，完善的监管体系开始形成。其一，全国性的保险监管机构体系基本形成。其二，适应市场经济需要的保险法律法规体系初步建立。在保险法律框架下，中国保监会建立和健全了规范保险经营和保险监管的规章制度，初步形成了以保险法为核心，以行政法规和规章为主体，以规范性文件为补充的中国保险法律制度体系。

第二，保险监管理念发生深刻变化。近年来，中国保险监管实现了从“就保险论保险”向“从全局出发，做好保险，以保险服务全局”的转变，从“就监管论监管”向“抓监管，

防风险，促发展”的转变，寓监管于服务之中，保险监管始终服务于国民经济和社会发展。

第三，保险政策环境明显改善。党中央国务院以及地方政府对保险业予以高度重视，并给予一定的政策支持。

第四，保险监管的专业化水平不断提高。借鉴国际经验，中国保监会确立以市场行为监管、偿付能力监管和公司治理结构监管为重点的“三个支柱”的监管核心，形成企业内控、政府监管、行业自律和社会监督相结合的“四位一体”的监管体系，构筑了以公司内控为基础，以偿付能力监管为核心，以现场检查为重要手段，以资金运用为关键环节，以保险保障基金为屏障的风险防范“五道防线”，取得了明显成效。我国保险市场秩序有所好转，保险风险得到有效控制。

第五，保险监管的国际合作不断加强。中国保监会积极推进国际保险监管合作，先后加入国际保险监督官协会和国际养老金监督官协会等多个国际监管组织；此外，中国保监会还发起建立了亚洲地区保险监管合作机制，加强亚洲各国之间双边或多边国际保险监管合作。

然而，当前保险监管也存在以下问题：

第一，诚信建设滞后。保险监管对诚信建设重视不够，主要表现在中国保险业的社会信誉低和行业社会责任履行令人担忧。诚信建设滞后主要表现为：自觉或不自觉地为公司利益考虑过多，对投保人及保险消费者的利益考虑不够；监管信息披露不够，借助新闻媒体等社会监督的主动性较差，甚至出现行业护短的情况；从业人员和机构诚信档案缺失，“黑名单”制度没有真正建立起来；查处误导甚至欺骗消费者的行为力度不够，保险消费者权益没有得到充分保护。

第二，偿付能力监管有待提高。在实际操作中，注重的是市场行为监管，而偿付能力监管力度不够，关于偿付能力监管的规定并未落到实处。

第三，监管的科学性、有效性需要进一步提高。保险监管部门对保险企业干预偏多，如保险条款费率、保险经营机构分支机构的设立、非法人机构高管人员任职资格、营业场所的变更等等，仍要经过保险监管部门审批；市场机制作用发挥不够充分，费率等管制过死；监管的透明度不够，保险机构信息、财务信息、处罚信息等公开不够；重复监管、重复检查，监管效率有待提高。

加强和改进保险监管的政策建议如下：

第一，进一步减少行政审批，提高监管透明度。尽可能减少不必要的审批，为保险企业创造一个宽松的外部环境。保险监管要尊重价值规律与竞争规律在保险市场资源配置上发挥的积极作用，既要引导市场适度健康发展，又不能限制市场主体的经营管理权。

第二，加快推进费率市场化。当前，费率市场化成为国际保险业发展的典型趋势，我国不可能不受这一趋势的影响。我国必须积极顺应这一国际潮流，推进费率市场化，取消对费率的行政审批制，实行完全意义上的费率市场化改革。

第三，转换监管方式，切实加强偿付能力监管。在不放松市场行为监管的前提下，大力加强偿付能力监管。加快建设保险风险预警系统，对有偿付能力问题的保险公司加强日常监测，对其经营过程中可能发生的保险资产损失和对保险业可能造成的负面影响进行分析、准确预报，及时采取相应的防范和处理措施。

第四，加强保险监管机构自身建设。从用人制度、干部培训、信息系统完善等方方面面入手，不断提高监管素质。

总之，中国保险业在科学发展观的指导下，关注产业安全问题、积极参与国际竞争，是行业可持续发展的必由之路。

第二节 优化保险产业结构体系

一 增强商业保险在多层次社会保障体系建设中的作用

商业保险是社会保险的必要有效补充，是国民经济发展与和谐社会构建的重要“稳定器”。以美国、欧盟、日本为代表的发达国家普遍具有“未老先富”的特点，基本走的是“高福利”社会保障制度与“高政府推动”商业保险制度相结合的道路，虽然取得了一定成效，但也出现较多问题，那就是国家负担日益加重。金融危机使国家收入日趋减少，而国家财政支出刚性又比较强，致使国家公共债务占 GDP 的比重持续提高，2009 年美国已达 83%，英国接近 60% 的警戒线。社会养老保险作为这些国家财政支出中刚性最强且占比较高的部分，日益成为其较大负担，为此部分欧洲国家已经开始改革社会养老金制度，核心是加大对商业养老保险和企业年金计划的扶持

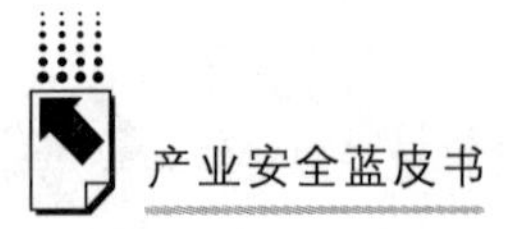

和激励，鼓励居民更多依靠商业保险解决自身的养老和医疗问题，减轻社会养老保险负担。

我国则具有“未富先老”的特点。在我国人均 GDP 与发达国家相差 10 多倍的情况下，我们的老龄化率仅比其低几个百分点，2030 年我国 65 岁以上人口占比将接近 20%。而当前我国社会保障制度极不完善，且受我国保险业起步较晚和税收优惠政策等的影响，我国商业保险发展也十分滞后。养老保险方面，我国人均长期寿险保单持有量仅为 0.1 件，远低于发达国家 1.5 件以上的水平；健康保险方面，全国医疗费用由商业健康保险承担的比例不到 2%，许多发达国家这一比例超过 50%，未来养老问题和健康问题将成为我国政府面临的最大挑战之一。因此，迫切需要吸取西方发达国家的经验和教训，未雨绸缪，及早规划。在国家财力允许的范围内扩大养老保障范围、提高养老保险额度，尽早出台大力发展商业保险特别是商业养老保险和商业健康保险的政策措施，如必要的企业年金税收优惠政策和必要的个人商业养老保险税收优惠政策等，努力实现社会保障和商业保险齐头并进发展的新格局。应加大对商业保险发展政策的扶持力度，适时出台税收优惠政策，特别是企业年金、补充养老保险和补充健康保险等商业保险税收优惠，全面推进我国商业保险发展进程。

二 调整金融机构及其金融资产比例结构

从静态看，金融中介机构根据资产和负债特点可以划分为存款型、契约型和投资型三类，近年来我国保险等契约型金融

机构年末资产占金融资产的比重不到5%，而20世纪90年代美国已经达到30%左右，我国金融结构呈现典型的“大银行、小保险”发展格局；从动态看，近5年来，商业银行存贷款和总资产规模的同比增速基本保持在年均20%左右的水平，而保险业保费收入和总资产规模同比增速较不稳定，近5年年均增速基本保持在与银行相当的水平，若不采取有效措施，“大银行、小保险”的发展格局将难以打破，会直接影响我国金融资源的优化配置。

国际实践表明，银行与证券混业经营、保险业与证券混业经营的情况较多，银行与保险混业经营案例较少，特别是成功的案例很少，金融混业经营是一种比较先进的经营管理模式，具有一定的规模效应、范围效应和整合效应。由此，我国银监会出台了相关政策，允许银行并购保险公司，且进展较快，但是金融危机的发生提示我们：如果盲目多角化并购、多元化经营、多极化发展，不仅无法发挥综合经营的优势，反而会引发主业不突出、管控不到位、资源整合优势不明显、整体竞争力不强大等新型发展问题。我国宏观经济金融处于长周期中的上升期，各类金融机构赢利能力普遍增强，混业经营风险较低；但若我国宏观经济出现拐点，金融环境恶化，一些金融机构经营陷入困境，混业经营风险可能会集中暴露，严重的可能还会引发系统性金融风险，急需监管机构及早明确综合经营的方向与路径，调整金融机构及其金融资产比例结构。监管机构在深刻认识金融危机暴露出来的金融综合经营缺陷与问题的基础上，需要及早确立“适度综合经营”的发展基调，本着“风险可控、业务互补、规模适度、管理有效、利润提升”的原则，稳步实施，科学推进，促进我国金融业实现长期、稳定、可持续发展。

三　防范和化解寿险业利率风险

随着经济市场化改革程度的不断提高，利率市场化进程的加快，保险业尤其是寿险业作为利率敏感性行业，其面临的各种利率风险将进一步加大。未来一段时期，随着全球经济复苏和我国经济稳中求进难度加大，欧美等国家继续推行量化宽松货币政策，全球流动性泛滥将在较长一段时间内持续，我国通胀压力将持续增加，会给保险业特别是寿险业带来一定的挑战。

为缓解利率风险的困扰，首先应该积极开发和促销具有保障功能的寿险产品以及意外险、健康险等非寿险产品，加大对这些产品的改造、升级和开发力度。其次，在市场经济的大背景下，应该建立市场自动调节机制，实行弹性预定利率制度。同时，应该放开对保险产品价格的管制，推进保险费率市场化改革，各家保险公司可以根据自身情况制定出不同的费率条款，根据消费者的经济承受能力开发出多元化的产品，提供差异化服务，这样有利于提高保险公司的应变能力和适应能力。再次，在我国实现完全的利率市场化之后，各保险公司应该设立利率准备金，这样，一方面可以使保险公司的账面利润呈现较稳定水平，提高保险公司的偿债能力；另一方面，有助于维持公众对保险公司经营的信心，有效防止“羊群效应”，避免大量退保、挤兑现象的发生。最后，新的《保险法》规定的保险资金“可投资不动产”是拓宽保险资金投资渠道的一个重要举措，特别是不动产投资规模大、期限长，符合保险资金追求期限长、价值稳健的投资特点。监管机构应该根据实际情况进一步出台相关政策，合理放宽保险资金投资范围及投资比例，进一步优化保险资金投资结构，加强保险公司资产负债匹配管理。

第三节　拓宽保险产业市场领域

一　积极满足巨灾保险市场需求

我国是世界上自然灾害最严重的国家之一，灾害种类多、频率高、损失大，巨灾保险市场需求巨大。改革开放以来，伴随国民经济水平的提高，我国灾害损失快速增加，年均损失从上百亿元迅速增长到近年来的2000多亿元，2008年高达1.35万亿元，灾害损失占同期GDP的比重为2%～3%，2008年接近4%，美国、日本的这一比例仅为0.7%和0.8%。在灾害补偿方面，我国却远低于发达国家和世界平均水平。在我国历次巨灾事件中，保险赔付仅占灾害损失的1%～4%，多数时期为2%左右，政府补贴和社会捐赠分别占2%和1%，三者合计不到8%，其他90%以上的灾害损失由个人和企业自主承担。而世界主要经济体国家的灾害补偿比例很高，如2009年全世界因巨灾造成的经济损失为620亿美元，其中仅保险赔付占比

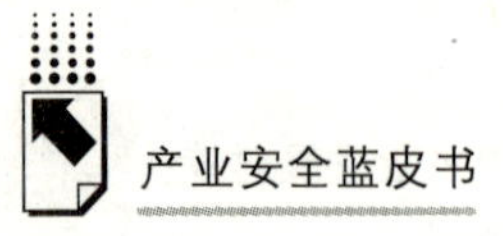

就高达41%。

因此，应当努力搭建巨灾保险体系，积极满足巨灾保险市场需求。建议通过构建超额再保险等多层次风险分散机制、建立科学完备的风险损失数据库、加强工程性防灾减灾措施提高不可保风险的可保程度、对保费给予适当财政补贴和税前列支优惠等方式，积极推进巨灾保险和农业保险的发展；同时，加快保险创新步伐，探索推进巨灾债券、巨灾期货、巨灾期权、巨灾指数、巨灾互换、参数化保险产品、天气指数、农业指数等保险衍生产品在中国的创设与交易，进一步发挥保险业风险保障的作用与功能，减轻政府和财政负担，推进国民经济又好又快发展。

二　建设农业保险体系

农业生产在整个国民经济中发挥着重要作用。与此同时，农业保险规模在整个保险规模中的占比却微乎其微。长期以来我国农业保险的实际需求并不旺盛，远低于同期全国的保险水平。究其主要原因，主要在于农民的收入水平。一方面，在我国，农民收入普遍较低，与城镇人口相比，农村人口收入单一，医疗、养老完全靠微薄的农业收入，这就加大了农民的风险，增加了未来的不确定性。另一方面，农业保险技术基础差、农业风险地区差异大，从而使得农业保险在我国存在明显的区域失调。“灾害多发的地区的农户投保热情高而无多险种可供选择，低风险地区的农户不愿参保却也无‘刺激性’险种来促其参保”是我国农业保险分布的明显特征。

第一，建议对农民进行有关农业保险的作用等基础知识的宣传工作，提高农民的风险意识和投保积极性，为农业保险的发展提供良好的群众基础。第二，根据各地经济发达程度的不同，制定不同的保险费率；根据各地实际情况，调整可投保农产品的品种、保险责任的范围，提高保障水平及保费的补贴比例。第三，以各级政府为主导，从加大财政支持力度、坚持因地制宜原则、建立风险分散机制等方面入手，发展政策性农业保险。第四，加快农业保险的法制建设，尽快颁布专门的《农业保险法》，对农业保险的经营目标、保障范围、保障水平、组织结构和运行方式、政府的职能与作用、农民的参与方式、保险公司的权利与义务、税收规定、资金来源与使用等以法律的形式进行规范，维护农业保障制度的正常运转，促进农业生产健康发展和农民稳定增收。

三 促进保险市场多元化和产品差异化

长期以来，我国保险市场集中度较高，一直处于被中国人寿保险股份有限公司、太平洋保险股份有限公司、平安保险股份有限公司三家大公司垄断的局面，垄断导致了竞争的缺乏，没有竞争也就没有变革和进取，市场效率低下。

外资保险公司进入我国保险市场不仅带来了先进的技术和现代化的管理经验，同时也使众多国际性机构参与我国保险市场的建设和发展，为我国保险市场注入了新鲜的血液。

我国保险市场要积极接纳并保证外资保险的市场地位，以此为契机推动市场格局的多元化。同时要加强市场开发，在经营上要更加注重市场细分和产品差异化，开发和培育特定的客户市场，丰富保险产品的种类和销售模式，满足消费者的多元化需求。此外，要借助竞争的力量打破保险市场的垄断格局，使保险市场的竞争机制由高度垄断向垄断竞争转变，使市场力量开始更多地在企业经营中发挥主导作用，从而促进市场效率的提高；以险种创新为核心，充分考虑需求结构变化和宏观经济因素的影响，进行深入的市场调查，推出既适应需求又引导需求的新险种，更新替代落后于市场需求的产品。针对消费者的不同特点，设计多层次、多品种的险种以满足社会对个性化保险产品不断增长的需求。

为提市场高竞争力，我国国内保险公司应当以技术创新为基础，运用电脑、网络等先进的信息传递技术开展业务。利用电子网络代替传统运作方式进行保险业务的宣传、承保、理赔，以促进工作效率的提高。此外，进行营销方式创新，不断提高开拓市场的能力。积极尝试新的保险营销方式，进一步完善代理人制度，努力发展市场化的展业方式。建立直销、个人代理业务、专业代理、兼业代理、网上保险和电话保险等全方位、多角度、立体化的保险销售网络。

第四节　推进保险产业国际化战略

一　提高境外融资和并购水平

随着保险公司境外融资和保险、外汇资金的境外运用，国

际金融市场对我国保险市场的影响越来越大。加入世贸组织过渡期结束后，我国保险市场对外开放进一步扩大，将逐步融入国际保险市场，成为国际保险市场的重要组成部分。

在全球经济一体化的大趋势下，我国保险业与国际接轨是必由之路，随着我国加入 WTO 后，我国在加快保险市场对外开放步伐、接受外资保险公司资本投入的同时，中资保险公司也可以到国外设立分支机构，开展业务或者购买外国保险公司的股份，甚至收购一些外国的保险企业。在险种开拓上，积极发展核能、卫星发射、石油开发等高科技险种，在业务经营上，通过再保险分入分出或国内外公司相互代理等形式加强与国际保险（再保险）市场的技术合作和业务合作，积极开展国际保险业务。

近年来，随着我国经济的持续稳步增长，人民币升值压力不断加大，我国政府已经并将继续出台各种政策和措施，鼓励大型企业带头“走出去”。同时，金融危机后，欧美等国为振兴经济，以多种方式吸引海外资金流入，降低我国金融机构进入壁垒，且海外仍存在一定的并购机会，客观上为我国保险企业“走出去”提供了较好的契机。建议监管机构把握有利时机，鼓励有条件的保险机构“走出去”，在提升相关保险机构国际竞争力的同时，提高全行业的“软实力”。

较高的经营管理水平与较强的抗风险能力是保险并购的先决条件。因此，要实施创新战略。国有商业保险公司要按照“产权清晰、权责明确、政企分开、管理科学”的要求，加强股份制改造的步伐，使其成为适应市场经济要求的法人实体和竞争主体，解决保险公司并购动力不足的问题。同时，要进行技术创新。广泛运用高新技术和现代化设备，积极开展网上保险和利用网络进行内部管理，提高经营效率和管理效率，这是推动我国保险业可持续发展的前提和基础。

二　有效降低并购风险

保险并购涉及面广、综合性强、政策灵敏性高，迫切需要有保障其规范运作的法律法规。就目前而言，我国一方面缺乏有关保险、银行并购方面的法律规定；另一方面，现行一些法规又不利于保险并购的广泛深入开展，如《中华人民共和国商业银行法》《中华人民共和国证券法》和《中华人民共和国保险法》等法律法规都强调要实行分业经营、分业管理，从而限制了我国保险业开展混合并购。因此，一是在现有分业经营、分业监管的格局下，认真落实中国银行业监督管理委员会、中国证券监督管理委员会、中国保险监督管理委员会三大监管当局在金融监管方面分工合作的备忘录，加强沟通与合作，提高监管效率，避免出现监管“真空”。二是要加强立法，考虑制定《保险公司并购案例》等并购法规。三是在必要时对一些现行的法律法规中的有关并购的限制性条款进行修改，为保险业并购的开展扫除法律障碍。

此外，鉴于我国保险公司的发展历史不长，各项制度还不完善，尤其是精算技术、风险管理能力还比较薄弱且风险较高，需要独立核算、分清责任，督促其自身加强风险管理。在并购进程中，建议保险企业通过独立的控股子公司实现综合经

营，可以在不同子公司之间、母公司与子公司之间建立法人风险隔离制度，防止个别子公司的风险损失超过整个保险集团的风险承受能力，将部分风险转嫁给债权人以及社会。具有较强实力的龙头保险企业，可以先通过优化组合组成保险集团，如寿险公司与财险公司的合并，寿险公司和财险公司各自之间的合并，以及保险公司与资产管理公司的合并等，然后以集团化、规模化等优势，进行国际并购扩张，成为在国际上有影响的大型金融集团、民族保险业的“航母”。

三　加强国际化品牌建设

专业化经营的品牌战略是加入WTO后保险公司经营的永恒主题，由于国内外市场的接轨以服务、产品、文化品牌竞争为主，而且价值极高且价格合理的品牌时代已经来临，所以培养一批以保险行销为职业且具有很高行销专业技能的组织或个人是保险公司的生存之道。因此，国内保险公司必须转变经营观念，树立效益成本以利润为导向的经营思想，走集约化与专业化相结合的集团混业经营之路，努力提高风险管理及技术处理水平，提高保险服务质量，增强综合实力，在民族保险业与外国保险业的抗衡中充分发挥主导作用，真正成为中国民族保险业的“龙头”。

为此，我国的保险企业只有不断提高技术水平才能在未来的竞争中立于不败之地。同时，要利用电子信息网络，快速收集和高效处理保险机构的经营数据，准确把握各保险公司的资产、业务结构、费用支出、赔偿给付等情况，做到监管过程的全程化、动态化和持续化。

产业政策层面，我国保险产业政策应向注重发挥民族保险业及其各市场主体比较优势、规范市场秩序、优化交易制度、提高效率等强化市场功能和提供信息的方向转变，并注重对市场的调控，以提高产业的核心竞争力。

B.14
参考文献

[1] 贲奔:《我国保险公司资金运用的问题与对策》,《经济科学》1998 年第 5 期。

[2] 薄成毅等:《中国保险业重大现实问题》, 机械工业出版社, 2006。

[3] 陈兵:《保险公司偿付能力评估的新视角—经济资本》,《保险研究》 第 2006 第 5 期。

[4] 陈宏:《跨国保险集聚中国之效应分析》,《重庆教育学院学报》2007 年第 5 期。

[5] 陈满堂:《“入世” 与中国的金融安全》,《武汉交通科技大学学报》2000 年第 3 期。

[6] 陈曦:《中国再保险市场供求不平衡的原因与对策研究》, 吉林大学硕士论文, 2008。

[7] 陈云蓉:《基于 BP 神经网络的银行业安全预警实证研究》, 中国优秀博硕士学位论文全文数据库 (硕士), 2008。

[8] 戴小平:《论金融安全区的构建》,《经济问题》2000 年第 6 期。

[9] 戴永红、秦永红:《试论印度保险业的发展、改革及前景》,《南亚研究季刊》2009 年第 3 期。

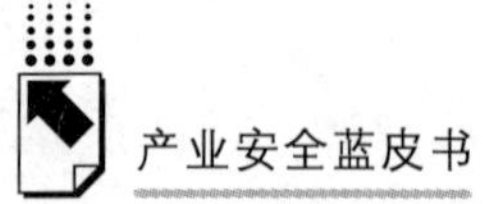

[10] 封进：《中国寿险偿付能力变动的实证分析》，《预测》2003 年第 1 期。

[11] 冯翠英：《金融危机下构建我国金融安全体系研究》，《湖北财经高等专科学校学报》2010 年第 1 期。

[12] 凤凰网财经：《2008 年中国保险资金投资收益率为 1.91%》，2009 - 06 - 26，http：//www.china - insurance.com/news - center/newslist.asp? id = 129898。

[13] 高虎城：《产业安全来自国际竞争力》，《中国经济周刊》2004 年第 34 期。

[14] 顾海兵、王亚红：《中国保险产业安全的监测预警范式研究》，《学术研究》2008 年第 5 期。

[15] 郭东林：《保险中的风险分析》，中国优秀博硕士学位论文全文数据库（硕士），2007。

[16] 郭金龙：《"十二五"期间我国保险业发展展望》，《银行家》2011 年第 5 期。

[17] 郭金龙、胡宏兵：《我国保险资金运用的问题、原因及政策建议》，《中国保险报》2009 年第 8 期。

[18] 郝演苏：《保险市场没有进行合理细分》，2008 - 10 - 21，http：//opinion.hexun.com/2008 - 10 - 21/110214326.html。

[19] 何维达、宋胜洲等：《开放市场下的产业安全与政府规制》，江西人民出版社，2003。

[20] 贾东云、黄崇福：《中、韩两国财产保险业风险管理比较研究》，《自然灾害学报》2005 年第 12 期。

[21] 金融时报：《保险投资元年：资产配置忧喜交加》，2010 -

06 - 18, http://www.zgjrw.com/News/2010618/home/100336332500.shtml。

[22] 雷家骕:《国家经济安全理论与方法》,经济科学出版社,2000。

[23] 雷鸣:《FDI对我国产业安全影响的预警分析》,中国优秀博硕士学位论文全文数据库(硕士),2007。

[24] 李连仁、俞自由:《新加坡保险业发展现状及其对中国的借鉴意义》,《环球保险》1998年第3期。

[25] 李孟刚:《产业安全理论研究》,经济科学出版社,2010。

[26] 李旻暾:《产业安全预警系统应用研究》,中国优秀博硕士学位论文全文数据库(硕士),2004。

[27] 李晚冬:《浅谈中国保险资金的运用》,《大众商务》2009年第7期。

[28] 梁勇:《开放的难题:发展中国家的金融安全》,高等教育出版社,1999。

[29] 刘景鹏、魏迎宁:《进一步提高保险业的国际竞争力》,《中国保险报》2008年第1期。

[30] 刘璐:《外资保险公司进入中国的效应分析与政策选择》,《区域金融研究》2009年第5期。

[31] 陆爱勤:《跨国保险企业与本土保险企业竞争发展战略选择》,《上海保险》2006年第3期。

[32] 吕长江等:《保险公司偿付能力恶化预测研究》,《财经研究》2006第10期。

[33] 马科新：《浅谈叶利钦时期俄罗斯保险业的改革与发展》，《西伯利亚研究》2008 第 12 页。

[34] 马莉：《寿险业和非寿险业与经济增长关系的经验分析》，《保险天地》2009 年第 6 期。

[35] 〔美〕迈克尔·波特：《国家竞争优势》（中文版），李明轩译、邱如美译，华夏出版社，2002。

[36] 孟生旺，滕帆：《未偿率模型：保险公司风险度量的新方法》，《统计研究》2007 年第 4 期。

[37] 孟昭亿：《保险资金运用国际比较》，中国金融出版社，2005。

[38] 乔桂明：《中国保险业发展战略研究》，复旦大学出版社，2003。

[39] 上海财经大学现代金融研究中心、上海财经大学金融学院：《2009 年中国金融市场发展报告》，上海财经大学出版社，2010。

[40] 申河、刘连生、李民：《中国保险投资优化组合研究》，《中国保险》2009 年第 12 期。

[41] 史忠良：《经济全球化与中国经济安全》，经济管理出版社，2003。

[42] 粟芳：《数量经济技术》，《经济研究》2002 年第 2 期。

[43] 孙荣：《俄罗斯保险市场的现状和发展》，《辽宁经济职业技术学院学报》2006 年第 4 期。

[44] 孙蓉、彭雪梅、胡秋明等：《中国保险业风险管理战略研究——基于金融混业经营的视角》，中国金融出版社，

2006。

[45] 王安然、蔡荣：《浅析韩国保险业的特点谈我国保险市场的建设》，《保险研究》1997 年第 2 期。

[46] 王成辉、江生忠：《我国保险业竞争力诊断指标体系及其应用》，《南开经济学报》2006 年第 5 期。

[47] 王国林、杨海真：《中国资本外逃与外国直接投资关系的实证分析：1984～1997》，《西安交通大学学报》2001 年第 4 期。

[48] 王佼佼：《我国外商直接投资中工业产业安全预警系统的建立》，中国优秀博硕士学位论文全文数据库（硕士），2008。

[49] 王军：《金融开放宜内外无别——开放经济下中国金融宏观调控的若干建议》，《国际贸易》1996 年第 11 期。

[50] 王元龙：《我国对外开放中的金融安全问题研究》，《国际金融研究》1998 年第 5 期。

[51] 王元龙：《中国金融监管体系的缺陷及其矫正》，《中国货币市场》2003 年第 5 期。

[52] 卫新江：《银行保险：基于国际经验的考察》，《国际金融研究》2005 年第 4 期。

[53] 吴聪颖：《中、美保险资金运用的比较与启示》，《海南金融》2009 年第 12 期。

[54] 吴江鸣、林宝清：《新加坡、香港保险监管比较研究及启示》，《比较研究》2004 年第 5 期。

[55] 夏益国、卢兴祥：《2010 年中国保险业热点问题评述》，

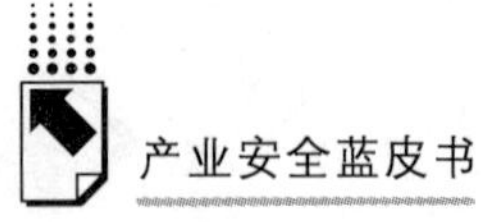

《中国保险》2011 年第 2 期。

[56] 肖文：《欧美保险偿付能力监管研究及对我国的借鉴》，《浙江社会科学》2004 年第 6 期。

[57] 肖文、谢文武：《经济增长和政策因素对保险业发展的影响及其内在传导机制分析》，《浙江社会科学》2000 年第 3 期。

[58] 徐为山：《上市：提升保险公司国际竞争力的有效手段》，《上海金融》2002 年第 6 期。

[59] 许荣、毛宏灵：《国际比较视野中的中国保险资金运用》，《金融与经济》2006 年第 4 期。

[60] 薛伟贤：《入世后中国保险业竞争力评价与对策》，科学出版社，2009。

[61] 杨帆、韩卫国、甘露：《保险资金运用国际比较研究》，《国际金融》2002 年第 12 期。

[62] 杨菁：《中资保险公司提高竞争力研究》，厦门大学硕士论文，2008。

[63] 杨君：《基于钻石模型的中国保险业竞争力研究》，山东大学硕士论文，2008。

[64] 姚凯：《中国再保险（集团）股份有限公司再保险业务发展战略研究》，复旦大学硕士论文，2009。

[65] 袁力：《保险法修正解读》，中国物价出版社，2003。

[66] 占梦雅：《我国保险偿付能力监管指标体系的实证检验》，《上海金融》2005 年第 11 期。

[67] 张芳洁：《中国保险制度变迁与绩效研究》，知识产权出

版社，2008。

[68] 张纪康：《土耳其金融改革：非完全自由化的进程与危机教训》，《国际金融研究》2001年第2期。

[69] 张巍、苏建平：《论美国对保险业的监管及对我国的启示》，《世界经济情况》2002年第23期。

[70] 张艳妍、吴韧强：《美国保险资金运用的分析及借鉴》，《金融与经济》2008年第10期。

[71] 张幼文：《国家经济安全问题的性质与特点》[J]，《国际商务研究》1998年第4期。

[72] 赵利胜：《金融开放条件下我国保险安全问题研究》，中国优秀博硕士学位论文全文数据库（博士），2004。

[73] 赵宇龙、王证：《我国非寿险业务最低偿付能力额度标准的改进》，《保险研究》2006年第4期。

[74] 郑汉通：《国家经济理论与安全方法》，国防大学出版社，1999。

[75] 中顾网：《国际保险业发展的特点和趋势》，2009－02－07，http：//news.9ask.cn/baoxianlipei/pcft/200902/141577.html。

[76] 中国保险监督管理委员会赴美俄考察组：《考查美俄保险市场的若干思考》，《保险研究》2009年第11期。

[77] 中国保险监督委员会：《中国保险年鉴》，中国保险年鉴出版社，2001～2010。

[78] 中国保险学会：《2001～2008年我国保费收入、保险总资产和资金运用余额变动表》，2009－08－30，http：//119.161.148.66/D_ newsDT/newsDT_ read.php? id =

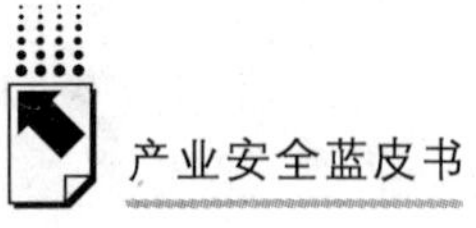

13425。

[79] 中国国家统计局：《中国统计年鉴》，中国统计出版社，2001～2010。

[80] 周延：《中国保险市场结构、行为与绩效研究》，中国优秀博硕士学位论文全文数据库（博士），2007。

[81] 周延礼：《维护保险产业安全促进经济金融发展》，《中国国情国力》2010年第3期。

[82] Bar-Niv, Ran; Smith, Michael L. Underwriting, Investment and Solvency. *Academic Journal*. Jun87, Vol. 5 Issue 4.

[83] Beck. T., Financial Development and International Trade: Is There a Link?. *Journal of International Economics*, 2002, (57).

[84] Blackbuurn, K., and Hung V., A Theory of Growth, Financial Development and Trade. *Economic*, 1998, 65 (257).

[85] Blonigen, Bruce A. and Fenstra, Robert C., Protectionist Threats and Foreign Direct Investment. *NBER Working Paper* No. W5475, 1996.

[86] Cavallo, M and G Majnoni: "Do banks provision for bad loans in good times? Empirical evidence and policy implications", in R Levich, G Majnoni and C Reinhart (eds), Ratings, rating agencies and the global financial system, 2002.

[87] Chen, Y. C., Sun, L. and Peng, C. W. Commercial

Banks Performance in Taiwan. *International Journal of Business Performance Management*, 2005, (7).

[88] Chick V. Some Reflections on Financial Fragility in Banking and Finance. *Journal of Economic Issues*, Vol. XXXI, No. 2, June 1997.

[89] Drake, L. and M. J. B. Hall. Efficiency in Japanese Banking: An Empirical Analysis. *Journal of Banking and Finance*, 2003, (27).

[90] Duxbury, Darrenand Summers, Barbara. Financial Risk Perception: Are Individuals Variance Averse or Loss Averse? *Economics Letters*, 2004.

[91] Eric Ghysels, Junghoon Seon. Asia Financial Crisis: The Role of Derivative Securities Trading and Foreign Investors in Korea, *Journal of International Money and Finance*, 2005 (6).

[92] Flood, R. and P. Garber, "Collapsing Exchange Rate Regimes: Some Linear Examples", *Journal of International Economics*, 1984 (17).

[93] Goldberg and Klein, 1999. Goldberg, S., Klein, W.. International Trade an d Factor Mobility: An Empirical Investigation, *NBER Working Paper*, 1999.

[94] Gunther, Jeffery W., Moore Robert R. Early Warning Models in Real Time, *Journal of Banking and Finance*, 2003.

[95] Hahn, F., "Equilibrium Dynamics with Heterogeneous

Capital Goods," *Quarterly Journal of Economics*, November 1966, 80.

[96] Honohan, Patrick. How Interest Rates Changed Under Financial Liberalization a Cross-country Review. *Policy Research Working Paper Series 2313*, The World Bank. 2000.

[97] Hur. J. , Raj. M. , and Riyanto. E. , Finance and Trade: Across—Country Empirical Analysis on the Impact of Financial Development and Asset Tangibility on International Trade. *World Development*, 2004, 34 (10).

[98] Hyman P. Minsky. Effects of shifts aggregate demand upon income distribution. Washington, D. C. , December 28 – 30, 1967.

[99] John Roberts. Financial Liberalization and the Asian Crisis, *Development Policy Review*, 2003 (9).

[100] J. David Cummins, Sharon Tennyson, Mary a Weiss. Consolidation and Efficiency in the US Life Insurance Industry. *Journal of Banking & Finance*, 1999 (23).

[101] Keynes, Friedman. Friedman and Keynes: divergences and convergences. *The European Journal of the History of Economic Thought*. Volume 5, Issue 2, 1998.

[102] Kregel J. A. , Margins of Safety and Weight of the Argument in Generating Financial Fragility. *Journal of Economics Issues*, Vol. XXXI, No. 2, June 1997.

[103] Krugman, P. (1979), "A Model of Balance of Payments

Crises", *Journal of Money*, Credit and Banking 11.

[104] Law. S. H. , and Demetriades. P. , Openness, Institutions and Financial Development. *World Economy & Finance Research Program Working Paper Series*, WEF 0012, 2006.

[105] Linda S. Goldberg and Michael W. Klein. , Trade and Real Exchange Rate Linkages in Southeast Asia and Latin America. *NBER Working Paper*, 6344, 1997.

[106] Mansor S. A. , Radam A. , Productivity and Efficiency Performance of the Malaysian Life Insurance Industry. *Journal Economy Malaysia*, 2000 (34).

[107] Noy, Iian. Financial Liberalization, Prudential Supervision, and the onset of Banking Crisis, *Emerging Markets Review*, 2004 (9).

[108] Paul Hilbers, Russell Krueger, Marina Moretti. New Tools for Assessing Financial System Soundness, *Financial and Development*, 2000 (9).

[109] Richard Cantillon. Essay on the Nature of Commerce in General. *Transaction Publishers*, 1931.

[110] R. Barniv, J. Mcdonald. Identifying Financial Distress in the Insurance Industry: A Synthesis of Methodological and Empirical Issues. *Journal of Risk and Insurance*, 1992.

[111] Saha, A. and Ravisankar, T. S. Rating of Indian Commercial Banks : A DEA Approach. *European Journal of Operational Research*, 2000, (124).

[112] Samuelson, Paul A., "*Indeterminacy of Development in a Heterogeneous Capital Model with Constant Saving Propensity.*" In Shell, Karl, ed., Essays on the Theory of Optimal Economic Growth. Cambridge: M. I. T. Press, 1967.

[113] ScottE. Harrington, Jack M. Nelson. A regression – based methodology for solvency surveillance in the property-liability insurance industry. *Journal of Risk and Insurance*. Vol, 53, No. 4 (Dec, 1986).

[114] Shell, Karl, and Stiglitz, Joseph E., "Allocationof Investment in a Dynamic Economy," *Quarterly Journal of Economics*, November 1967, 81.

[115] Taishi Okada. Financial Performance and Conditions——The Japanese Insurance Market and Companies. 韩国保险学会国际学术大会, 2007.

“皮书”起源于十七八世纪的英国，主要指官方或社会组织正式发表的重要文件或报告，并多以白皮书命名。在中国，“皮书”这一概念被社会广泛接受，并被成功运作、发展成为一种全新的出版形态，则源于中国社会科学院社会科学文献出版社。

皮书是对中国与世界发展状况和热点问题进行年度监测，以专家和学术的视角，针对某一领域或区域现状与发展态势展开分析和预测，具备权威性、前沿性、原创性、实证性、时效性等特点的连续性公开出版物，由一系列权威研究报告组成。皮书系列是社会科学文献出版社编辑出版的蓝皮书、绿皮书、黄皮书等的统称。

皮书系列的作者以中国社会科学院、著名高校、地方社会科学院的研究人员为主，多为国内一流研究机构的权威专家学者，他们的看法和观点代表了学界对中国与世界的现实和未来最高水平的解读与分析。

自20世纪90年代末推出以经济蓝皮书为开端的皮书系列以来，至今已出版皮书近800部，内容涵盖经济、社会、政法、文化传媒、行业、地方发展、国际形势等领域。皮书系列已成为社会科学文献出版社的著名图书品牌和中国社会科学院的知名学术品牌。

皮书系列在数字出版和国际出版方面也是成就斐然。皮书数据库被评为“2008～2009年度数字出版知名品牌”；经济蓝皮书、社会蓝皮书等十几种皮书每年还由国外知名学术出版机构出版英文版、俄文版、韩文版和日文版，面向全球发行。

法律声明